Dr. med. Karl Stephan:
»Heilung über Magen und Darm«

ISBN 3-922-894-38-0

5. Auflage
19. – 21. Tausend

Gesamtherstellung:
Reiff Druck & Verlag, 7600 Offenburg/Baden

Inhaltsverzeichnis

Geleitwort des Verlags

Es ist mir eine besondere Freude, dieses Buch von Dr. med. Karl Stephan der Öffentlichkeit zugänglich zu machen. Bei unserer im „Schnitzer-Report“ dokumentierten Umfrage wurde von mehreren Befragten über chronische Darmerkrankungen berichtet. Wurde die Ernährung auf Schnitzer-Kost umgestellt, trat Besserung ein. In einem Fall wurde zusätzlich gefastet — worauf völlige Heilung erfolgte.
Diese spezifischen chronischen Erkrankungen des Verdauungskanals sind zwar durch Fehlernährung entstanden — aber sie heilen, einmal chronisch geworden, oft auch dann nicht mehr aus, wenn die Ernährung wieder auf eine gesunde Basis gestellt wird. Dr. Stephan hat hier in langjähriger Praxiserfahrung wirksame zusätzliche Methoden entwickelt, welche in aller

Regel die Ausheilung auch schwerster Fälle erlauben.
Besonders faszinierend ist die Entdeckung Dr. Stephans, daß diese chronischen Darmerkrankungen oft unerkannt wiederum der Ursachenherd für die verschiedensten Krankheiten sein kann, deren direkte Behandlung dann erfolglos bleiben muß — die aber alsbald wie von selbst verschwinden, wenn die chronische Darmerkrankung erkannt und mit Schnitzer-Kost plus zusätzlicher Stephan-Kur ausgeheilt wird.
Dieses Buch kann den vielen Kranken mit Colitis ulcerosa, anderen chronischen Erkrankungen des Magen-Darm-Traktes und den ganzen jetzt erkannten Folgekrankheiten dieses Herdgeschehens den entscheidenden Schritt zur Gesundheit möglich machen, die für sie schon unerreichbar schien. Das Werk gibt auch dem interessierten Arzt die Möglichkeit, sich in die von Dr. Stephan aufgezeigten therapeutischen Verfahren einzuarbeiten; als Lektüre für den Patienten erleichtert es in diesem Fall die Mitarbeit und das Verständnis des Kranken für die empfohlenen Maßnahmen.
Bei der Erarbeitung des Manuskripts hat die Gattin des Verfassers, Frau Erika Stephan, wesentlich mitgewirkt — wie sie überhaupt in bewundernswerter Weise als echte Arztfrau mit ebensoviel Herz wie Verstand und Tatkraft die Arbeit ihres Gatten seit Jahrzehnten unermüdlich unterstützt hat.

Es ist zu wünschen, daß durch dieses Buch mit den wertvollen ärztlichen Erfahrungen Dr. Stephans möglichst vielen Menschen, die an dem aufgezeigten Krankheitskomplex leiden, ihre volle Gesundheit zurückgegeben werden kann.

Dr. Johann Georg Schnitzer

Geb. 16. 5. 1896 † 26. 12. 1981

Dr. med. Karl Stephan.

Geleitwort des Verfassers

Wer in unsere Zeit hineingeboren wird, merkt aus Mangel an Maßstäben nicht, daß diese Zeit krank, rhythmusgestört ist durch eine krasse Verschiebung der Pole, eine Zeit, die künftiges Unheil ahnen läßt, wenn keine Umkehr mehr gelingt. Wir leben in der Gegenwart des „Fortschritts“, er ist das Zeichen der Zeit. Und wir müssen nun zwei Fragen stellen:

1. Wovon schreiten wir fort?
2. Wohin schreiten wir fort?

Niemand kann bezweifeln, daß wir uns entfernen von allem Einfachen, Natürlichen, vom Ganzheitsdenken. Der Wissenschaft scheint es nur noch am Detail zu liegen, an der Analyse, ja man hat den Eindruck, daß sie der Synthese geradezu feindlich gesonnen ist.

Aber gerade auf das Ganzheitsdenken kommt es

an, es ist wichtig, den Menschen als ein Ganzes zu erkennen, in dem alle Organe miteinander arbeiten und der Körper auch wieder mit dem Seelischen eine wunderbare Einheit und untrennbare Zusammengehörigkeit bildet.
Der Zeitgenosse Goethes, Arzt und Künstler, Karl Gustav Carus, deutete schon das Verhältnis von Körper und Seele als Einheit: „Der Leib ist die Erscheinung der Seele, die Seele ist der Sinn des Leibes".
Also wohin führt uns der Fortschritt?
Wir leben länger, um langsamer zu sterben! Zwar werden akute Krankheiten durch die modernen Antibiotika schneller bekämpft, aber sie werden nicht ausgeheilt, sie verwandeln sich nur zu leicht in chronische Leiden. Der Konsum von Medikamenten hat sich in 15 Jahren verzehnfacht! Jeder dritte Mensch nimmt irgendwelche Tabletten ein.
Die moderne Medizin kennt jetzt über 3000 Diagnosen.
Von Are Waerland stammt der Satz: „Es gibt keine Krankheiten, es gibt nur falsche Lebensgewohnheiten."
Man kann ihm wohl zu 50 % Recht geben. Nicht nur die verseuchte Umwelt und die Vergiftung von Wasser, Luft und Erde machen den modernen Menschen krank, sondern auch die säureüberschüssige, totgekochte, denaturierte Nahrung. Durch das lange Fernsehen am Abend wird der wichtige Vormitternachtsschlaf ver-

säumt. Auch durch das starke Rauchen und Trinken, durch zu wenig körperliche Bewegung und durch den Stress des Geldverdienens um jeden Preis ruiniert der moderne Mensch seine Gesamtgesundheit. Bald merkt er, daß etwas mit ihm nicht stimmt, und er geht zum Arzt, der ihm dann Aufputsch- oder Beruhigungsmittel verordnet und durch reine Symptomen-Bekämpfungsmittel neue Zweitkrankheiten setzt.
So konnte der ehemalige Chef der 2. Uni-Klinik in Frankfurt, Prof. Ferdinand Hoff, den aufrüttelnden Satz schreiben: „80 % unserer Patienten leiden an Therapieschäden!"
Das ist also einer der großartigen „Fortschritte", zu der die innere Medizin gelangt ist, wobei natürlich nicht geleugnet werden soll, daß auf dem Sektor der technischen Chirurgie großartige Erfolge erzielt worden sind. Trotzdem besteht der Ausspruch des berühmten Anatomen Prof. Hyrtl zu Recht: „Meine Herren, bedenken Sie, daß auch eine gelungene Operation nur beweist, daß Sie die Krankheit nicht zu heilen verstanden!"
Um nun den Menschen gesund werden zu lassen und ihn leistungsfähig zu erhalten und die chronischen Krankheiten einzudämmen, ist vor allen Dingen eine Reform der Ernährung erforderlich! Ursprünglich ausgehend von der Bekämpfung der Zahnkaries bei Jugendlichen, hat der Zahnarzt und Verleger Dr. J. G. Schnitzer Hervorragendes geleistet. Der Schnitzer-Report

„Gesund und vital durch Schnitzer-Kost — 4702 Personen berichten über ihre Erfolge“ gibt davon erneut Zeugnis.
Unzählige kranke Menschen werden durch „Schnitzer-Kost“ von Müdigkeit und allen möglichen Krankheiten auf Dauer — und das ist etwas sehr Wesentliches — befreit.
Es gibt aber eine Anzahl Kranker, bei welchen mit dieser Ernährungsumstellung allein keine völlige Heilung erreicht werden kann — obwohl ihre Krankheiten ursprünglich durch Ernährungsfehler entstanden waren.
Für diese Patienten, die meist mit schweren chronischen Krankheiten belastet sind, konnte ich ein Heilverfahren entwickeln, welches sich mir in jahrzehntelanger Praxis bewährt hat und welches in den meisten Fällen zur völligen Heilung führt.
Es gibt zahlreiche Zeugnisse von Laien und Ärzten, die besagen, daß die meisten Krankheiten aus dem Magen-Darm-Bereich herrühren: 90 % unserer Krankheiten kommen aus dem Bauch (Uptain Sinclair, Dr. Friedrich Wolf, Prof. Brauchle, Are Waerland, Dr. Rosendorf u. a.). Dieser Ansicht möchte ich mich nach meinen Erfahrungen in 40jähriger Praxis anschließen. Es gibt für diese Überzeugung einleuchtende Gründe:

1. Bei Kindern, die garnicht oder zu kurze Zeit gestillt werden, wird frühzeitig durch die Kunsternährung die Leibes-Konstitution ge-

schwächt. Weißbrot, Industriezucker, Kochkost, Reizmittel schädigen den Verdauungstraktus *) und damit die Gesamt-Konstitution. Es tritt schon frühzeitig eine Schädigung der Darmflora ein.

2. Der Verdauungsrhythmus wird von den meisten Menschen nicht eingehalten. Der Magen muß entleert sein, ehe neue Nahrung aufgenommen werden darf.
3. Die Natur stattet den Menschen nicht umsonst mit 32 Zähnen aus. Das bedeutet eine Verpflichtung unserem Körper gegenüber: nämlich lange und gründlich die Speisen einzuspeicheln und ordentlich zu kauen! Wie sehr wird gerade gegen dieses Gebot verstoßen. Man kann das besonders gut in Gaststätten beobachten!

Die ungekauten oder nur schlecht gekauten Brocken gären und erzeugen Fäulnis im Verdauungskanal, wodurch die Darm-Schleimhäute mit der Zeit geschädigt werden und degenerieren **). Das wiederum bedingt die Ansiedlung einer falschen Flora im Darm. Und wenn man bedenkt, daß die Darm-Schleimhaut nur $^{1}/_{10}$ Millimeter dick ist, so bekommt man eine Vorstellung davon, wie wichtig die richtige Darmflora ist.

Die sogenannte Selbstvergiftung (Auto-Intoxikation) spielt in der Entstehung (Genese) der

---

*) Verdauungsschlauch.

**) entarten.

Krankheiten eine große Rolle, was sonderbarer Weise von der wissenschaftlichen Medizin nicht nur nicht beachtet, sondern sogar abgestritten wird.

Abbau und Aufbau als Heilgesetz

Das Wunder der Regeneration

Wer möchte bezweifeln, daß die Welt voller Wunder steckt?
Auch der natürliche Vorgang der Regeneration, d. h. der Wiederherstellung zerstörter Gewebe oder ganzer Formen ist ein geradezu unfaßbares Wunder, ein Vorgang, der uns ahnen läßt, daß hinter allen Dingen noch immaterielle Kräfte wirksam sind.
Sie wissen alle, daß ein durchtrennter Regenwurm nicht zu Grunde geht, sondern an jeder Schnittfläche einen Schwanz oder einen neuen Kopf mit Freßwerkzeugen und empfindlichen Sinnesorganen bildet. Dieses erstaunliche Regenerationsvermögen beobachten wir allerdings nur bei niederen Tieren. Bei Fischen, Vögeln, Säugetieren und beim Menschen haben dagegen nur die Gewebe eine solche Regenerationsfähigkeit.
Mit der Zunahme der Differenziertheit des Organismus und des Alters nimmt das Regenerationsvermögen ab. Aber auch der Mensch, als „Krone der Schöpfung“, als kompliziertestes Wesen der Erde, verfügt immer noch über eine erstaunliche Regenerationsfähigkeit und auch Regenerationskraft, so daß Schäden bis zu einem hohen Grade ausgeglichen werden können.
Regenerationsfähig sind Haut und Schleimhaut mit ihren Anhangsgebilden, den Drüsen, ferner das Bindegewebe, die Knochen, die querge-

streifte Muskulatur, innere Organe wie Leber, Milz und Lymphdrüsen sowie das Knochenmark als lebenswichtiges Organ der Blutbildung. Beschränkt regenerationsfähig ist das Nervengewebe, es heilt nur mit Narbenbildung. Allerdings können sich von der unversehrten Mutterzelle aus neue Nerven bilden, was aber längere Zeit erfordert. Die oft erstaunliche Erholung nach massiven Schlaganfällen beruht darauf, daß andere Hirnzellen die Funktionen der geschädigten Teile übernehmen.
Jedes Lebewesen hat nur ein bestimmtes Maß an Wachstums- und Regenerationskraft und damit an Reserven für die Beseitigung von Schäden. Ohne diese Fähigkeit des Organismus wäre alle ärztliche Kunst vergebens. Die Kunst des Arztes sollte darin bestehen, für eben diese Regenerationsfähigkeit die besten Bedingungen zu schaffen. Deswegen bilden die Fasten- und Obstkuren die wirksamsten Wegbereiter für eine echte Regeneration im Sinne einer tatsächlichen Verjüngung. Auch spielt die Ruhe eine ganz große Rolle bei der Regeneration, ein zeitweises Brachliegen der erkrankten Organe ist notwendig. Während der Mauser legen die Hühner keine Eier, und der wunderbare Vorgang der Metamorphose *) bei der Verpuppung der Raupen und Insekten ist an absolute Ruhe gebunden. Der geniale Chirurg und naturbeob-

*) Metamorphose = Umwandlung.

achtende Forstmann, Prof. August Bier, hat den schlichten Satz geprägt: „Die Ruhe ist das wahrhaft große Naturheilmittel."
Denn die Entspannung erst schafft die Voraussetzungen für ein neues Sammeln der Kräfte, der Abbau ist notwendig für einen lustbetonten Aufbau.
Wie empfindlich die Schleimhaut des Magen-Darmtraktus ist, weist der Internist Prof. Mahlo durch ein Tier-Experiment nach. Wenn man nämlich einem Schwein vor seiner „Hinrichtung" einen Liter Apfelwein einflößt, so zeigt bei der nachfolgenden Sektion die Schleimhaut des Magens das Bild einer akuten Magenschleimhautentzündung (Gastritis)! Wenn schon ein Schweinemagen so empfindlich reagiert, so wird das beim Menschen möglicherweise eine noch viel stärkere Reaktion auslösen, denn Menschen- und Schweinmagen sind sozusagen miteinander verwandt, sie haben als „Allesfresser" gemeinsame Verdauungsmerkmale.
Sind nun die Schleimhäute des Magens und des Darms durch ständige Mißhandlung degeneriert, so kann eine natürliche Vollwertkost sie nur selten oder garnicht ausheilen. Hier ist ein Regenerationsverfahren erforderlich, das ganz bestimmte Voraussetzungen braucht.

Ursächliche Erkrankungen und ihre Folgeerscheinungen im Bereich des Magen-Darmkanals

Im Bereich des Magen-Darmkanals unterscheidet man folgende Diagnosen:
Zahnfleischentzündung (Gingivitis)
Speiseröhrenkrebs
den nervösen Magen (Magenneurose)
die akute und chronische Magenschleimhautentzündung (Gastritis)
das Magengeschwür (Ulcus pepticum)
den Magenkrebs (Carcinom)
das Zwölffingerdarmgeschwür (Ulcus duodeni)
die Crohnsche Krankheit (Morbus Crohn)
die falsche Darmflora (Dysbakterie)
die chronische Dickdarmentzündung (Colitis mukosa)
die blutig-geschwürige Dickdarmentzündung (Colitis ulcerosa)
den Dickdarm- und Mastdarmkrebs
die Hämorrhoiden und Afterfisteln

Welche Folgekrankheiten, die in der wissenschaftlichen Medizin wenig oder garnicht beachtet werden, können nun durch die vorgenannten Krankheiten entstehen oder von ihnen abgeleitet werden? Im Wesentlichen sind diese Folgeerkrankungen bedingt durch die sogenannte Autointoxikation (Selbstvergiftung) infolge der Bildung von Darm-Fäulnisgiften wie:

Indikan, Skatol, Kresol u. a., und gekennzeichnet durch schlechten Atem und üblen Mundgeruch. Der Laie ist aufs Höchste erstaunt, wenn er von diesen Zweit-Krankheiten erfährt, wie z. B.: Allgemeine Müdigkeit und Abgeschlagenheit, Schlaflosigkeit, Kopfschmerzen, auch die hartnäckige chronische Migräne gehört dazu, ebenso alle Formen der Rheumaleiden, chronische Bronchitis mit Auswurf, Vorstadien der Lungentuberkulose, Bronchialasthma. Ferner spielen die Herzleiden als Folge-Erkrankungen eine große Rolle (Myocarditis), auch die hartnäckigen Hautleiden wie die Schuppenflechte (Psoriasis), Furunkulose und allgemein unreine Haut (Akne). Dazu zählen ferner die Stoffwechselkrankheiten wie Zucker (Diabetes) durch die Giftschädigungen der Bauchspeicheldrüse und der Nebennieren, auch Augenkrankheiten wie grauer und grüner Star (Iritis, Regenbogenhautenzündung und Netzhautablösung). Auch Nierenbecken- und Blasenentzündung, Bettnässen haben die Ursache in dem kranken Enddarm.
Ein besonderes Kapitel von Folge-Erkrankungen sind die Nerven- und Geisteskrankheiten, wie Multiple Sklerose und eine besondere Art von Schizophrenie und schweren Depressionen.
Den Beweis dafür, daß diese zahlreichen Diagnosen durch Magen-Darmleiden bedingt sein können, werden die Leser durch die im 2. Teil angeführten Fälle der Praxis erkennen können. Man kann nur den Kopf schütteln, wenn man

bedenkt, wie wenig in der allgemeinen Medizin Gebrauch gemacht wird von den Heilungsmöglichkeiten, die im Abbau und Aufbau-Prinzip verfügbar sind.

Warum eine Umstellung auf natürliche Vollwert-Ernährung allein diese Krankheiten nicht heilen kann

Wenn wir uns nun mit dem Problem einer erfolgreichen Behandlung aller genannten Erst-(Primär) und Zweit-(Sekundär)-Krankheiten befassen wollen, müssen wir folgende Grundsätze beachten:

1. Je länger die Krankheit besteht, umsomehr Zeit ist für die Umstellung erforderlich.
2. Je jünger ein Patient ist, desto schneller tritt die Regeneration ein.
3. Der Versuch einer Umstellung auf Vollwert-Schnitzer-Kost sollte zunächst in jedem Fall gemacht werden, denn es kann dabei durch allgemeine Entgiftung schon eine wesentliche Besserung eintreten. Dabei spielt auch die Zufuhr von Vitaminen und Spurenstoffen und die Entsäuerung durch Basen-Überschuß eine große Rolle.

Man kann mit Fug und Recht mit Prof. Kollath behaupten, daß lebendige Kost neues Leben schafft.
Ohne Zweifel bewirkt die Umstellung der Ernährung eine Verminderung der Selbstvergiftung (Autointoxikation), wie aus den 4702 Personenberichten des Buches von Dr. J. G. Schnitzer „Gesund und vital durch Schnitzer-Kost" hervorgeht.
Dadurch werden bei schweren Erkrankungen die späteren Heilkrisen während einer Regenerationskur wesentlich gemildert und die Kurzeit abgekürzt.
Aber warum wird in manchen Fällen trotz der Umstellung keine vollständige Heilung erzielt? Die Gründe sind einleuchtend. Wie schon ausgeführt, erfordert die Regeneration der komplizierten Magenschleimhaut mit ihren Drüsen und die Erneuerung der verbrauchten Darmschleimhaut eine völlige Ruhigstellung.
Diese immer wieder erfahrene Wahrheit, die von großer Bedeutung ist, hat schon Goethe in seinem „Gesetz der Korrelation" festgestellt: „Jeder Ganzheit steht nur eine in sich begrenzte Menge an Potenzen, Bildekräften, Stoffen zur Verfügung. Deswegen führt jede neue Aufgabe, welche die Ganzheit durchführt, zu einem Verbrauch von Kräften, der sich durch ein Fehlen oder Verringern in anderen Funktionen der Ganzheit anzeigt. Dies gilt natürlich auch umgekehrt, daß nämlich jede Vereinseitigung, jede

Konzentration von Potenzen und Bildekräften auf bestimmte Organe und Funktionen, wenn auch auf Kosten anderer, diese verstärkt."
Außerdem ist noch ein zweiter Faktor erforderlich:
Die geschädigten Zellen müssen zum Absterben gezwungen werden durch Fasten, denn die Zerfallstoffe regen die Neubildung gesunder Schleimhautzellen an! Die alte, kranke Schleimhaut muß einer neuen gesunden Platz machen! Bernhard Shaw drückt das treffend mit folgenden Worten aus: „Die Welt ist wie ein Garten. Sie braucht das Jäten so gut wie das Säen, das Niederreißen ist ebenso zweckdienlich wie das Aufbauen!"
Nun werden Sie, lieber Leser, sicherlich auch den Weg erkennen für den „Abbau- und Aufbau"-Rhythmus als allgemeines therapeutisches Heilprinzip.

Über den Rhythmus

Ich bin der gleichen Ansicht wie der Charakterforscher Dr. Ludwig Klages, daß nämlich die Urerscheinung des gesamten organischen und planetarischen Lebens der Rhythmus ist. Im Gegensatz hierzu steht die Maschine, deren Leistungen nach den Gesetzen von Ursache und

Wirkung im Takt verlaufen. Das Wort Rhythmus stammt von „rhein-fließen".

Rhythmisch vollzieht sich der Ablauf aller Lebensvorgänge, in Form einer polarisierten Stetigkeit, indem nämlich in ähnlichen Fristen Ähnliches wiederkehrt.

Im rhythmischen Wechsel wiederholen sich Ebbe und Flut, Tag und Nacht, Sommer und Winter, Welken und Wachsen, Sterben und Geborenwerden, Wachen und Schlafen, Systole und Diastole, Expiration (Ausatmung) und Inspiration (Einatmung), Assimilation (Aufbau) und Dissimilation (Abbau) organischer Substanz.

Die höchste Form des Gesundseins im Lebensvorgang ist gekennzeichnet durch einen ungestörten Rhythmus, während wir in Zeiten der Krankheit Störungen und Abänderungen mannigfacher Körperrhythmen beobachten: So erfahren Herzschlag, Atmung, die inneren Stoffwechselprozesse, wie z. B. das Spiel der Säuren und Basen eine Veränderung. Auch die Vorgänge der Assimilation und der Dissimilation sind im Vergleich zur rhythmischen Ausgeglichenheit in normalen Zeiten völlig andere.

Während beim gesunden Menschen entweder Gleichgewicht besteht, oder die Aufbau-Vorgänge als Ausdruck gedeihlichen Wachsens überwiegen, herrscht im kranken Organismus eine Gegensätzlichkeit vor. Fast alle Krankheiten, ausnahmslos aber alle akuten Krankheiten, zeigen aus innerer Lebensgesetzlichkeit

heraus einen *umgekehrten* Rhythmus mit verstärkter Abbau-Tendenz.
Mangelnder Appetit, gesteigerte Ausscheidung durch die Haut, durch Nieren und Darm, erhöhte Verbrennung durch Fieber, Unruhe und Schlaflosigkeit führen zu einem stärkeren Zerfall von Körpersubstanz. Im Gleichgewichtszustand des polaren vegetativen Geschehens finden wir ebenfalls eine Verschiebung. Wenn nämlich unser Bewußtsein Müdigkeit empfindet, ist dies häufig der Ausdruck für eine erhöhte Tätigkeit im Bereich des vegetativen unbewußten Nervensystems, das durch die gesteigerten Dissimilationsvorgänge in stärkerem Maße in Anspruch genommen wird, das ist also auch ein Abbau-Vorgang.
Wie nun soll sich der Arzt zu diesen Äußerungen des Organismus im Abwehrkampf gegen die Schädlichkeit verhalten?
Soll er, wie dies häufig geschieht, den *scheinbaren* Verfall mit allen Mitteln bekämpfen? Oder soll er aus kosmischem Naturgefühl heraus, diesen Abbau-Prozeß der Natur unterstützen?
Die meisten Menschen urteilen nach dem Schein. Sie sehen allein in der Fülle und der materiellen Größe die Anzeichen strotzender Lebenskraft und Gesundheit.
Aber — wir wissen, daß mehr übergewichtige Menschen früher sterben als untergewichtige. Die Schwierigkeit der richtigen Bewertung liegt

eben in der Doppeldeutigkeit aller Symptome. An dieser Tatsache gehen auch viele Ärzte vorbei.
Zunahme des Körpergewichts kann einmal bedeuten: Zunahme an organischer Substanz als Ausdruck vegetativen Wohlbefindens, im andern Falle aber nur Quellung durch Wasserretention *) infolge nicht ausgeschiedener Stoffwechselgifte oder durch Nachlassen der Herzkraft.
Das Absinken des Körpergewichts kann die biologische Endphase des nahenden Todes einleiten, es kann aber ebenso gut durch Entwässerung die Vorstufe neuer Gesundheit, neuen Aufblühens sein. Diese Frage kann nie nach streng wissenschaftlichen Regeln entschieden werden, sondern allein durch den intuitiven Blick des Arztes, der durch Erfahrung gewonnen wurde.
Der natürliche Rhythmus im Ablauf des regenerativen Wachstums erfolgt in den Phasen von Abbau und Aufbau.
Die Frage, in welchem Zeitmaß mit welchen Mitteln und Methoden der Abbau zu erfolgen hat, wird je nach den vorliegenden Verhältnissen verschieden beantwortet werden müssen. Unter Berücksichtigung von Konstitution, Krankheitsphase und Kräftezustand wird der Arzt immer individuell vorgehen. Deshalb muß er auch alle Wege kennen, die zu diesem Ziele führen.

---

*) Zurückhaltung.

Der Grundgedanke ist einfach: Durch Beschränkung der Zufuhr und Steigerung der Ausfuhr erzielen wir ein Überwiegen der Dissimilation. Durch verschiedene Ernährungsvorschriften, wobei besonders das Eiweiß als eigentliche Aufbausubstanz der Zelle bis zum völligen Entzug eingeschränkt wird, kann man das Zeitmaß des Abbau-Rhythmus bestimmen.
Während der Abbauphase wird der Arzt eine mehr auf Ruhe, Entspannung und Lösung eingestellte Nebenbehandlung durchführen, um dann in der Zeit des Aufbaues, dem Rhythmus entsprechend, zur aktiveren Behandlung mit Bewegungs- und Übungstherapie überzugehen. Selbstverständlich wird er dem nunmehr erwachenden und berechtigten Eiweiß-Hunger Rechnung tragen, dabei aber die verschiedene Wertigkeit der Eiweißarten berücksichtigen.

Von der praktischen Durchführung des Abbaus

Was für den kranken Organismus gilt, kann nicht auch für den gesunden, arbeitenden und leistungsfähigen Körper gelten, der einen viel größeren Verschleiß an Substanz und dadurch ein größeres Eiweißbedürfnis hat.

Es kann niemals richtig sein, Kranke oder Leidende, auch solche mit zehrenden Krankheiten, mit reicher, hitzender Eiweißkost zu ernähren, sondern meine Erfahrung hat festgestellt, daß eine Abbau-Diät den inneren Krankheitsrhythmus wesentlich besser beeinflußt und schnellere Erfolge zeitigt. Zu gleicher Zeit wird dem kranken Organismus ein vorhandener Vitamin- und Mineralstoffmangel ersetzt und der Darmkanal durch Umstimmung der Darmflora entgiftet.

Als Abbau-Diäten wären zu nennen:

1. Die strenge pflanzliche Kost ohne Eier, ohne Milch.
2. Die milde Rohkost unter Beigabe von Vollkornbrot und Kartoffeln.
3. Die strenge Rohkost, bei der nur Früchte und Rohgemüse verabfolgt werden, aber wenig Nüsse.
4. Die reine Früchte-Ernährung, davon die strenge Form der reinen Fruchtsaft-Ernährung.
5. Das strenge Tee-Fasten unter Zufuhr basischer Mineralstoffe und Vitamine.
6. Die Trockendiät als besonderes biologisches Mittel der Entwässerung (Schroth-Kur).

Alle Mittel, die eine gesteigerte Ausscheidung bewirken, führen zu vermehrtem Abbau mit nachfolgender Regeneration, so z. B. die Brech-, Abführ- und Schwitzmittel.

Da wären insbesondere zu nennen:

1. Ausleitung über den Darm, vom harmlosen Karlsbader Salz bis zum drastisch wirkenden Rhizinusöl.
2. Ausleitung über die Nieren mit harnfördernden (diuretischen) Mitteln.
3. Ausleitung über den Magen mit Brechmitteln.
4. Ableitung über die Haut durch Kaltwasseranwendungen und die Erzeugung von Ausschlägen mit Pustulantien (Baunscheidtieren).
5. Blutentziehung durch Aderlaß, Schröpfköpfe, Blutegel oder Emmenagoga (Monatsblutung).
6. Erzeugung künstlichen Fiebers durch ansteigende Überwärmungsbäder oder durch parenterale Injektionen mit steriler Milch, oder auch mit Echinacin, Pyrifer.
7. Künstliche Eiterung durch Anlegen von Geschwüren (Fontanellen), durch Terpentinfixationsabszeß oder durch Anwendung des Glüheisens.
8. Schlafbeschränkung (sog. Stöckmannscher Naturschlaf von 19–24 Uhr).
9. Operationen. Auch sie sind Abbaumaßnahmen durch Entfernung von Körpergewebe, Blutverlust, Nahrungseinschränkung, Entspannung durch die Narkose.
10. Alle milden Umstimmungsverfahren wie Eigenblut- und Eigenharn-Injektionen, die

manchmal zauberhafte Wirkungen haben, oder auch Injektionen mit Ameisensäure, Schwefel, Echinacin, Akupunktur, Neuraltherapie, Homöopathische Arzneimittel u. a. m.

11. Psychotherapie. Auch bei ihr erfolgt zuerst ein Abbau krankhafter, lebensfeindlicher Gedanken und verdrängter Gefühle in Form der Seelenreinigung (Psychokatharsis), ehe ein Aufbau mit positiven Vorstellungen wirksam werden kann.

Bei allen diesen Verfahren wird dem Organismus zunächst etwas entzogen, Substanz oder Energie. Nur bei der Wärme handelt es sich zunächst um ein Plus, dem r e a k t i v das Minus folgt.

Abbau und Schlaf

Ehe wir uns dem Problem des Abbaues im Einzelnen zuwenden, möchte ich noch etwas über den Abbau-Aufbau-Rhythmus in Beziehung zum Schlaf sagen.

Über das Problem des Schlafes, bzw. der Schlaflosigkeit ist schon viel gesagt und geschrieben worden. Ich möchte mich deshalb darauf beschränken, die Beziehungen zwischen Schlaf und Nahrungsaufnahme aufzuzeigen.

Goethe sagt: „Wachen und Bewußtsein baut ab, aus dem Unbewußten heraus wirken die Kräfte, die aufbauend sind. Am stärksten wirken sie im Schlaf, wenn das Tagesbewußtsein ausgeschaltet ist. Ermüdung ist die Folge des Abbaus."

Von den rhythmischen Lebenserscheinungen sind Wachen und Schlafen mit die wichtigsten Vorgänge, die das Leben in Gang halten. Man kann vier Wochen hungern, aber kaum 5 Tage ohne jeden Schlaf existieren. Was für die Uhr das Aufziehen ist, das bedeutet der Schlaf für das Leben. Unter diesem Gesichtspunkt muß die heutzutage so weit verbreitete Schlaflosigkeit als ein ernstes Symptom aufgefaßt werden.

Als Anhänger der Naturheilweisen sehe ich nun in den Krankheitserscheinungen nicht etwa nur schlechthin etwas Negatives, sondern sinnvolle Bemühungen der Lebenskraft um Wiederherstellung des Gleichgewichts im Körpergeschehen.

Die Schlaflosigkeit ist zunächst ein wichtiges Warn- und Alarmzeichen, darüber hinaus hat sie aber auch einen biologischen Wert. Denn Schlaflosigkeit ist eine Leistung vermehrter Abbau-Tätigkeit, und diese ist in Zeiten der Unpäßlichkeit oder der Krankheit die Vorbedingung der Heilung. Ist die Abbauphase zu Ende, stellt sich immer, wenn auch zunächst langsam, natürlicher Schlaf ein!

Abbau und Aufbau aus der Sicht des Patienten

Wir haben nun von der praktischen Durchführung des Abbaues gesprochen. Wie aber erlebt der Patient diese Situation?

Oft werde ich von Patienten, die sich einer Kur unterziehen wollen, gefragt: „Ja, Herr Doktor, das ist ja alles schön und gut, a b e r meine Frau sagt (oder wohlmeinende Freunde geben den Rat), ich sei doch so schwach, oder ich bin doch schon so mager, oder ich bin doch so wenig leistungsfähig, oder, oder, oder . . ." Man spürt dann deutlich eine gewisse Angst vor dem Unbekannten, von dem sie sich so garkeine rechte Vorstellung machen können. Deshalb möchte ich hier noch ein paar kurze Bemerkungen zu dem Abbau und auch zum Aufbau aus der Sicht des Kranken machen.

Der Patient muß wissen, daß die ersten 2–3 Tage, solange nämlich die Umstellung des Organismus auf Nahrungsenthaltung dauert, nicht sehr angenehm sind. Er wird müde, oder er kann auch unruhig werden, beides liegt im Bereich des Möglichen und ist von der Konstitution des Einzelnen abhängig. Er bekommt mit der Zeit eine dick weißlich-grünlich-grau belegte Zunge, der Urin wird dunkel, oftmals sehr unangenehm riechend, seine Haut kann bei den Massagen empfindlich schmerzen, seine Augen können wehtun, so daß er nicht einmal zu lesen

vermag oder gar das Tageslicht scheut. Alte Narben können anfangen zu rumoren, alte Leiden sich wieder bemerkbar machen.
Das alles sind natürliche Erscheinungen, sie sind kein Grund zu besonderen Aufregungen und Ängsten, sie gehören zu dem Normalbild des Abbaus, und sie verschwinden von ganz allein wieder. Manchmal sind sie schon nach wenigen Tagen völlig verschwunden, manchmal dauert es, besonders bei chronisch Erkrankten, wesentlich länger, ja es kann sogar sein, daß sie erst ganz verschwinden, wenn der Körper völlig gereinigt ist.
Das erkennt dann der Patient selbst daran, daß seine Zunge wieder eine normale rote Farbe bekommt, daß sein Urin wieder klar und hell wird, überhaupt wird das Allgemeinbefinden als sehr wohltuend empfunden. Wir haben es mehr als einmal beobachtet, daß sich Patienten nach der Heilfasten-Kur so wohl fühlten, daß sie garnicht mehr zu essen anfangen wollten. Einmal sagte mir eine Patientin: „Ich habe mich in meinem ganzen Leben noch nie so wohl, so leicht, so geistig rege und so frisch gefühlt wie jetzt, diesen Zustand möchte ich auf die Dauer erhalten!“ Wir mußten sie förmlich zum Essen zwingen, aber da sie sehr vernünftig war, und ganz nach Vorschrift aufbaute, blieb ihr der einmal erreichte Gesundheitszustand erhalten.
Oft aber gibt es auch Schwierigkeiten bei dem Aufbau, weil die Patienten glauben, das ver-

säumte Essen nun gewaltsam nachholen zu müssen. So erinnere ich mich an einen männlichen Patienten, der unbedingt wieder „dick“ nach Hause kommen wollte. Ich hatte ihm nach etwa einer Woche Aufbau erlaubt, auch dazwischen mal „ein paar Nüsse“ zu knabbern. Er besorgte sich daraufhin gleich einen ganzen Beutel Para-Nüsse, die er alle auf einmal aufaß. Die Wirkung war katastrophal! Denn der Magen produziert nach der Fastenzeit zunächst nur ganz wenig Säure, um das Eiweiß zu verdauen. Ich sage das immer wieder allen im Aufbau befindlichen Patienten, aber viele wollen das nicht glauben und verschaffen sich heimlich Eßwaren, – zu ihrem eigenen Schaden. Der Patient, der sich die Para-Nüsse heimlich besorgt hatte, mußte schließlich noch operiert werden, weil der Magen die Nüsse einfach nicht verdaute, die sich am Magenausgang zu einem Klumpen gestaut hatten.

Auch einem anderen Patienten erging es nicht gut, als er sich, da frisches Obst erlaubt war, eine Dose mit eingemachten Zwetschgen besorgte, und diesen Kilo-Inhalt auf einmal verzehrte.

Es ist einfach notwendig, daß sich die Patienten mit ihrem Arzt über alle Zustände, die der Abbau und Aufbau mit sich fringt, unterhalten, und dann den gegebenen Anweisungen auch peinlich genau folgen. Allgemein gültige Regeln kann es nicht geben, da jeder Mensch verschieden ist und man immer individuell verschieden beim Abbau und Aufbau vorgehen muß.

Heilkrisen

Bei den Abbau-Vorgängen, — dies muß der Patient wissen, — treten manche unangenehme Nebenwirkungen und Sensationen auf. Da das Blut nach den kranken Organen hinströmt, leidet der Patient an kalten Händen und Füßen, überhaupt an einem allgemeinen Frostgefühl, das mit der Wärmflasche bekämpft werden muß. Im Munde tritt ein pappiger Geschmack ein, die Zunge kann wüstetrocken werden, ein übler Atemgeruch fällt der Umgebung auf. Den oft dicken Zungenbelag, der sich bilden kann, soll der Patient nicht abschaben, weil der Zustand der Zunge für den Arzt ein wichtiger Hinweis auf die Beschaffenheit des kranken, bzw. des gesundenden Organismus ist. Es bestehen keine Bedenken, wenn ab und zu einmal eine (zuckerfreie!) Pfefferminztablette gelutscht wird.
Wenn die krisenhaften Abbau-Vorgänge auf dem Höhepunkt sind, ist meistens auch der Schlaf maximal gestört, es treten Unruhezustände auf, böse Träume schrecken sogar manchmal den verzagten Patienten. In solchen Zeiten kann der Patient ruhig ein harmloses Hopfen-Baldrian-Präparat zur Beruhigung einnehmen.

Diese körperlichen Minus-Zustände sind in den allermeisten Fällen auch mit Depressionen verbunden. Es kommt dann darauf an, daß der Patient im seelischen Gleichgewicht bleibt.
Es ist ganz klar, daß der Abbau nicht immer ein Zustand der Zufriedenheit sein kann, aber das Bewußtsein, sich auf einem Gesundungswege zu befinden, läßt doch in den allermeisten Fällen die Unannehmlichkeiten überwinden und rasch vergessen. Die begangenen Ernährungssünden sind eben dann abgebüßt. Auf das „Stirb" folgt das „Werde" im Sinne der Goetheworte: Und solang Du dies nicht hast, dieses „Stirb und Werde", bist Du nur ein trüber Gast auf der dunklen Erde.
Es gibt aber auch Heilkrisen, die aus einem ganz anderen Bereich kommen, nämlich aus dem Seelischen.
Wer in seinem Leben immer nur dem Grundsatz gehuldigt hat: „Gut Essen und Trinken hält Leib und Seele zusammen", der wird sich bei einer Abbau-Kur oftmals vor beinahe unüberwindlichen Schwierigkeiten sehen. Er hat innere Widerstände, die den Wunsch nach Gesundung übertönen; er wird sich also lange Zeit in einem inneren Zwiespalt befinden, der sich ungünstig auf den Heilungsprozeß auswirken kann, indem er zu früh „die Flinte ins Korn wirft".
Auch der Patient, der mit Sorgen um das Wohl seiner Familie oder seiner beruflichen Existenz

kommt, oder wer überhaupt mit sich selbst nicht im Reinen ist, wer sich einsam und verlassen fühlt (ob berechtigt oder nicht, das spielt keine Rolle), der wird in seinem Kur-Verlauf immer behindert sein.

Sehr schwer haben es bei der Durchführung der Kur auch diejenigen Patienten, die immer alles besser wissen als der Arzt. Sie sind oft die Opfer vielseitiger Fehlbehandlungen, haben sich dann selbst gewisse Kenntnisse aus Zeitungen und Zeitschriften angeeignet, die sie nun verwirklichen wollen, ohne von der Differenziertheit der biologischen Behandlungsmethoden wirklich etwas zu verstehen. Diese Patienten machen es sich und dem Arzt schwer, den für sie gerade richtigen Weg der Behandlung einzuschlagen.

Diese seelischen Minuszustände müssen überwunden werden, was am leichtesten durch rückhaltloses Vertrauen in den Arzt und seine Methode erreicht wird. Zum Fasten gehört oft auch das Beten! (Dr. med. Otto Buchinger.) In den Fastanstalten werden wöchentlich mindestens 2–3 Vorträge gehalten, um den Patienten Einsichten zu vermitteln und negative Stimmungen zu überwinden. – Patienten, die zuhause kuren, empfehle ich Lektüre des Buches: „Nie mehr krank sein“ von Dr. Jackson. Kämen Patienten mit irgendwelchen Beschwerden sofort in eine ursächliche, kausale Behandlung, wäre die Beseitigung dieser Abbau-Beschwerden oft eine einfache und schnelle Angelegenheit. Aber dies ist fast niemals der Fall, da es an biologisch denkenden Ärzten weitgehend fehlt.

Die Kranken erhalten chemische Mittel, die die Symptome gewaltsam unterdrücken. Die Krankheit wird allmählich chronisch, weil ihre Ursachen nicht beseitigt sind. Der Arzt wird dann gewechselt, und andere Mittel werden verwendet. Nach einer gewissen Zeit entsteht die aus der Vorbehandlung resultierende Zweit-Krankheit: der Therapieschaden.

(Prof. Ferd. Hoff behauptet, daß 80 % seiner Patienten an Therapie-Schäden leiden.)

Die Heilkraft der Natur ist ausgeschaltet worden, sie liegt brach, und daher die überfüllten Wartezimmer der Ärzte, die immer wieder neue, noch stärkere Mittel verschreiben, von denen heutzutage etwa 60 000 Arten auf dem Arznei-Markt zur Auswahl zur Verfügung stehen.

Kommen nun solche Kranke in eine biologische Abbau-Behandlung, so kann man sich vorstellen, daß diese Behandlung langwierig und die Heilkrisen heftig sind, eben wie reinigende Gewitter in der Atmosphäre. Oft dauert es Wochen, ehe der Organismus ent-chemisiert ist, und die körpereigenen Naturheilkräfte wieder wirksam werden können; aber Geduld und Ausdauer sind die besten Gegenmittel.

Der Patient leidet dann unter vermehrten Schmerzen, unter Mißstimmung und schlaflosen Nächten. Es findet in dieser Zeit eine Rückvergiftung statt, die in Kauf genommen werden muß, bis eben alle chemischen und sonstigen Gifte ausgeschieden sind. Beispiel: Wenn ein junger schwermütiger Mensch von seinem Arzt über Jahre hinweg mit ca. 1200 Tofranil-Tabletten gefüttert wurde, dann kann man sich vorstellen, daß es wenigstens Monate dauert, bis er diese Gifte wieder ausgeschieden hat.

Der biologische Arzt muß viel Geduld aufbringen, um den Patienten über diese Hürden zu helfen und sie bei positiver Lebenseinstellung zu halten.

Eine weitere Klippe für das Fasten ist die Angst vor dem Hunger. Der kundige Arzt vertreibt mit einigen Kunstgriffen den Hunger. Der Organismus schaltet beim Fasten in der Regel alsbald von selbst um auf den Hauptnerv der Nacht, der Regeneration, den Parasympaticus, auch Vagus genannt. Sein Gegenspieler ist der Nerv des Tages, der Sympaticus.

Die Furcht vor dem Hunger – weitverbreitet – ist also völlig unbegründet. Appetit und Hunger stellen sich erst nach der Heilung der kranken Verdauungsorgane wieder ein. Die Pausen sind in der Natur keine Vergünstigung (z. B. Urlaub, Schlaf usw.), sondern Gesetz!

Der Wendepunkt

Hat der Patient nun die chemischen und alle anderen krankmachenden Gifte ausgeschieden, so zeigt sich das an ganz bestimmten Merkmalen:

1. Die Zunge wird wieder rot, der weißlich-grünlich-gelbliche Belag ist verschwunden, die normale Feuchtigkeit der Zunge tritt wieder ein.
2. Alle Beschwerden sind verschwunden oder haben weitgehend nachgelassen. Selbst bei kräftiger Betastung des ganzen Leibes, besonders auch im Bereich des linken unteren Beckens (Mastdarm), wird kein Schmerz mehr empfunden.
3. Normaler Schlaf stellt sich ein, auch bei alten Patienten.
4. Der üble Mundgeruch ist verschwunden.
5. Es meldet sich allmählich wieder normales Hungergefühl.
6. Freude an Bewegung macht sich bemerkbar.
7. Allgemeine Lebensfreude erfüllt den Menschen.

Der entgiftete Mensch, der gereinigte Körper des Patienten, empfindet ein neues Lebensgefühl. Dieser Zeitpunkt ist es, an dem man mit dem wohl dosierten Aufbau beginnen kann.

Hilfreiche Medikamente

In diesem Buch sind verschiedene Medikamente erwähnt, die – im Einzelfall den Zuständen und Symptomen des Patienten entsprechend angewendet – Abbau und Aufbaumaßnahmen hilfreich unterstützen. Sie sollten immer nur auf Verordnung des Arztes genommen werden.
Zum besseren Verständnis ihrer Wirkungen werden sie nachfolgend beschrieben.

Acidum formicicum D 12, D 6
Homöopathische Verdünnung von Ameisensäure. In hohen Potenzen, (Verdünnungen) bewährt bei allen Formen von Rheumatismus, Neuralgien. Schädliche Nebenwirkungen sind nicht bekannt.

Basika
ist ein nebenwirkungsfreies Mineralstoffpräparat zur Entsäuerung von Blut und Gewebe. Es wurde schon vor 60 Jahren von dem Ernährungsforscher Ragnar Berg eingeführt und hat sich seitdem immer wieder gut bewährt.

Brechmittel
zusammengesetzt aus
Pulv. Ipekak. 1,0
Tart. stibiat. 0,1
Oxymel Scillae 20,0
Syr. rub. Id. 20,0

Aqua font 20,0
wirkt erfolgreich bei Bronchial-Asthma.
Alle 10 Minuten ein Eßlöffel bis zur Wirkung

Bryonon
ist ein unschädliches Vitamin-B-Kombinationspräparat, bei allen Formen von Magen-Darmleiden, bei Dysbakterie und Schwächezuständen.

Calcium glukonikum 10- und 20prozentig
in Form intravenöser Injektion, wirkt günstig bei allen Formen von Blutversäuerung, Hautleiden, Krampfzuständen, soll s e h r langsam eingespritzt werden (ca. 5 Minuten!).

Colifer
ist ein Präparat gefriergetrockneter Bakterienstämme, wird bei Dysbakterie teelöffelweise verabfolgt oder auch als Injektion intramuskulär.

Colobiogen-Ampullen.

Echinacin (Nordamerikanischer Sonnenhut)
ist ein unschädliches Mittel, das alle chronischen Entzündungen in die akute Heilphase überführt! Es wird als „Myo-Echinacin" intramuskulär injiziert oder als einfaches Echinacin intravenös mit 0,2 ccm beginnend verabfolgt. Es kann dabei leichtes Fieber auftreten. Keine sonstigen Nebenwirkungen.

Floracit
ist ein Konzentrat aus Süßmolke, normalisiert

die Darmflora bei Dysbakterien, ist nebenwirkungsfrei.

Gastricholan
ist ein harmloses Kombinationspräparat aus Kamille, Calamis, Pfefferminz, Absinth, Fenchel, wirkt hilfreich bei Magen- und Darmstörungen.

Heilerde (Luvos), ultrafein
bewährt sich bei allen Formen von Magen-Darmleiden, führt dem Organismus gleichzeitig Mineralstoffe zu.

Heublumenbadeextrakt
wird als Badezusatz verabfolgt bei allen Formen von Stoffwechselstörungen und Rheumatismus. Dosis: 150,0 Gramm auf ein Vollbad, wirkt auch nervenberuhigend bei Schlafstörungen.

Kamillosan (Kamillenextrakt)
zwei Teelöffel auf einen halben Liter warmen Wasser wird als Darmspülung als äußerst günstig bei allen Entzündungen des unteren Darmabschnittes angewendet.

Kyttaplasma
enthält ätherische Pflanzenöle, ist bewährt bei allen Formen äußerer Entzündungen, bei Drüsenschwellungen, Mastitis und auch bei Sportverletzungen.

Laevosan (20 %)
als intravenöses Injektionsmittel bewährt bei großen Schwächezuständen, ist nebenwirkungsfrei.

Lemavit (wohlschmeckender Lebertran)
Bei längerem Fasten ist es angebracht, täglich 2 Eßlöffel voll davon den Patienten zu geben.

Melissen-Oliven-Massageöl (10prozentig)
Dieses Massageöl ist bei längeren Fastenkuren angezeigt, da 2 Eßlöffel schon 250 Kalorien enthalten, die dem Körper durch die Haut zugeführt werden. Melisse wirkt nervenberuhigend.

Nattermann-Abführtee
ist ein mild abführender Kräutertee zur Einleitung einer Fastenkur.

Novocain-Quaddeln (nach Dr. Hunecke)
können zur Schmerzlinderung bei Magengeschwüren in der Magengegend gesetzt werden. Auch wenn nicht gleich eine Wirkung verspürt wird, so wird damit doch niemals ein Schaden verursacht.

Opium D 4
wirkt als ein rein homöopathisches Mittel oft bei hartnäckiger Verstopfung.

Osspulvit
enthält Mineralstoffe, Spurenelemeinte und Vita-

mine. Dieses Mittel, vollkommen nebenwirkungsfrei, ist besonders angezeigt bei Störungen des Kalkstoffwechsels und bei lang andauernden Fastenkuren.

Parafluid
ein mildes Abführmittel, soll nur für kurze Zeit verabfolgt werden. Vorsicht ist bei der Einnahme geboten, das Mittel darf nicht in die Luftröhre gelangen und ist für Kinder nicht geeignet.

Polybion
ist ein nebenwirkungsfreies Vitamin-B-Komplexmittel, das bei allen Schwächezuständen angezeigt ist (darf nicht von Schwangeren eingenommen werden).

Rhizinusöl
ist das am schnellsten und sichersten wirkende Abführmittel. Erwachsene nehmen 1 Eßlöffel, Kinder 1 Teelöffel davon.

Rosmarin-Bade-Extrakt
hat sich als Kreislaufmittel zur Hebung des Blutdrucks sehr bewährt. Rosmarin war für Kneipp d a s Herzmittel.

Sterile Milch, abgekocht
in Mengen von 2–8 ccm in den oberen, äußeren Gesäßmuskelquadranten gespritzt, erzeugt Fieber bis zu 39 Grad und hat sich besonders bei Bronchialasthma als Fiebermittel bewährt.

Schwefelbad Dr. Klopfer
ist angezeigt als Bade-Zusatz bei allen Formen von Rheuma, ebenso bei Stoffwechselstörungen.

Aufbau

Wenn nach der „Stirb- und Werde-Kur" sich die Lebensgeister wieder regen, wenn das Blut aus den regenerierten Organen wieder gleichmäßig durch den Körper pulst, wenn die Füße und Hände wieder warm werden, der Denkvorgang klar und positiv wird, dann ist die Zeit des Aufbaues gekommen, der möglichst langsam erfolgen soll.
Alle regenerierten Organe wie: Magen, Leber, Bauchspeicheldrüse und Darm sind noch funktionsfaul und kommen nur ganz allmählich wieder in Gang.
Hoffentlich hat der Patient während der Abbauzeit sein Gebiß völlig in Ordnung gebracht, sofern er es eben nicht doch schon v o r der Kur hat zurecht machen lassen. Alle nerventoten Zähne müssen entfernt sein, auch die, welche auf dem Röntgenbild keinen Herd aufweisen, der dennoch vorhanden sein kann. Sollte er eine Prothese nötig haben, dann muß sie gut sitzen, denn in der kritischen Übergangszeit soll er nun die Speisen einmal „fletschern".

Was ist das? Sie sollen es wissen: Vor 80 Jahren lebte in Nordamerika ein Mann namens Horace Fletscher, der immer krank war. Als ihm kein Arzt helfen konnte, fing er an, jeden Bissen im Munde ca. 30 mal zu kauen, bis die Speise als feiner Schleim von selbst die Gurgel hinabfloß. Nach einigen Monaten wurde er so gesund, daß er — unter Zeugen — an einem Tage 320 km mit dem Fahrrad nach New York fuhr.

Über diese fast unglaubliche Geschichte hat Dr. v. Borsini eine Broschüre herausgegeben.

In der Tat: Das Fletschern löst manches Verdauungsproblem. Ich möchte es dem Patienten während der Aufbau-Übergangszeit dringend empfehlen! Es verlangt aber Konzentration und unbedingtes Schweigen beim Essen, das am besten im Liegen und mit Hilfe eines Wärmetellers eingenommen wird.

Als erste Übergangsernährung sind zu empfehlen: frische Bananen, eingeweichte Backpflaumen, dann geschabte Möhren, rohes Sauerkraut. Schnitzer-Naturmüsle. Zum Trinken eignet sich vor allem Buttermilch, saure Dickmilch, Yoghurt.

In der zweiten Phase des Aufbaus wird allmählich auf Schnitzer-Intensivkost übergegangen, die morgens aus Schnitzer-Naturmüsle, mittags und abends aus vielseitigen Salaten mit angekeimten Weizenkörnern und grünen Sojabohnen (ebenfalls angekeimt) in den verschiedensten Variationen besteht.

Ist der Aufbau erfolgt, kann vorsichtig – unter Ermittlung der individuellen Grenzen – auf Schnitzer-Normalkost übergegangen werden, die zusätzlich zur Schnitzer-Intensivkost auch Beigaben von zwar auch vollwertigen, aber hitzebehandelten Nahrungsmitteln enthält, wie z. B. Vollkornbrot, Vollkornpfannkuchen, Pellkartoffeln usw.

Die Einzelheiten der Schnitzer-Intensivkost und Schnitzer-Normalkost sind – zusammen mit einem 14-Tage-Fahrplan und 100 farbigen Abbildungen der Gerichte – in dem Buch von Dr. J. G. Schnitzer und seiner Frau Mechthilde beschrieben: „Schnitzer-Intensivkost – Schnitzer-Normalkost" (mit Angabe der Tageskalorien, BE und Tagesmengen von Eiweiß, Fett und Kohlehydraten. Das Buch ist ebenfalls im Schnitzer-Verlag, D-7742 St. Georgen erschienen.

Gefletscherte Nahrung ist schon eine vorverdaute Nahrung. Sie führt zu einem frühzeitigen Sättigungsgefühl, das vor der schädlichen Ü b e r l a d u n g des Magens schützt und gesunde Eß-Instinkte weckt, denen man sich dann sorglos überlassen kann.

Es gibt Menschen, die immer mit der Angst leben, ob ihnen auch wirklich die Speisen bekommen. Das sollten sie nicht tun! Das Essen muß eine feierliche Handlung sein, für die man sich reichlich Zeit nehmen muß und die genußvoll vollzogen werden sollte! Alle Ausreden über Zeitmangel sind „Tabu", für das Mehr an

Zeit tauscht man ein bislang unbekanntes Wohlbefinden und erhöhte Leistungsfähigkeit ein. Was will man mehr?
Patienten, die nicht fletschern wollen oder können, laufen Gefahr, daß sie zu viel essen! Sollten solche Fälle eintreten, müßten sie bei auftretenden Beschwerden wieder fasten oder Obsttage einlegen, bis sich ein funktionstüchtiger Verdauungsrhythmus eingestellt hat.
Sollten noch irgendwelche Herde im Körper sein, wie etwa Zahngranulome, versteckte Kiefer- oder Stirnhöhlen-Eiterungen, Mandel-Pfröpfe, bei Männern Vorsteherdrüsen-(Prostata) Beschwerden, so stellt sich dieser normale Verdauungsrhythmus manchmal erst nach der Beseitigung dieser Herde ein.
Die Gaumenmandeln als Ausscheidungsorgan sollten auf alle Fälle öfters abgesaugt werden. Durch den „Kausport" werden sie in ihrer Funktion wieder tüchtig und tragen wesentlich zum Wohlbefinden bei.
Während meiner 40jährigen ärztlichen Praxis habe ich keine einzige Gaumenmandel entfernen lassen, sie sind ein zu wichtiges Ausscheidungsorgan, als daß man sie ohne g a n z g r o ß e Not entfernen lassen dürfte. Todesfälle, die sich während oder nach einer Mandeloperation ereignet haben, sind mir des öfteren bekannt geworden.
Immer wieder werde ich von den Patienten gefragt, warum ich nicht einfach einen gedruckten

Aufbau-Plan anfertigen lasse, nach dem sich dann alle Patienten richten könnten. Der Grund ist ein sehr einfacher: kein Mensch gleicht dem andern, jede Krankheit setzt ganz verschiedene Akzente, jeder Aufbau muß ganz individuell erfolgen, jeder Körper reagiert anders auf die erste Nahrungsaufnahme, dem muß man Rechnung tragen. (Fordern Sie das Schnitzer-Literatur-Verzeichnis an!)

Ist der Aufbau aber störungsfrei in Gang gekommen, nimmt der Patient langsam an Gewicht zu, bis er das Optimum erreicht hat. Nun ist die Zeit gekommen, wo er sich für eine bestimmte Dauer-Kost entscheiden muß, um seine Gesundheit weiter zu festigen und zu erhalten. Dies gilt auch für übergewichtige Patienten, die vielleicht nach einer Kur 30–40 Pfund verloren haben, aber immer noch zu viel Gewicht mit sich herumtragen und durch vitale Kost zu einem Gewichts-Optimum gelangen können.

Diese Dauer-Kost soll auch auf Dauer gesund erhalten und liegt deshalb am besten – individuell verschieden – irgendwo zwischen der Schnitzer-Intensivkost, bei der viele vorher schwer geschädigt gewesene Menschen bleiben müssen, um die zurückeroberte Gesundheit zu erhalten, und der Schnitzer-Normalkost, die sich Menschen mit robust gewordener Gesundheit leisten können.

Wie aus dem „Schnitzer-Report" („Gesund und vital durch Schnitzer-Kost – 4702 Personen be-

richten über ihre Erfolge", ebenfalls erschienen im Schnitzer-Verlag, D-7742 St. Georgen) hervorgeht, scheint das unmittelbar vor der weiteren Zubereitung frisch gemahlene Getreide eine ganz besonders gute Wirksamkeit zu entfalten. Wesentlich ist, daß die Nahrungsmittel einwandfrei frisch, ungespritzt und auf guten Böden ohne Kunstdünger gewachsen sind.
Der Schreck fährt einem in die Glieder, wenn man liest, daß ganze Wagenladungen vergifteter Salatköpfe oder übermäßig gespritztes Obst beschlagnahmt und vernichtet werden mußten.

Einführung in die praktischen Fälle

Colitis

Die Wissenschaft nennt nur die „Colica mucosa“ und die „Colitis ulcerosa“. In Amerika kennt man aber noch das „Colon irritabile“. Zwischen diesem und der schweren Organschädigung der „Colitis ulcerosa“ gibt es aber noch Übergänge, z. B. die „Dysbakterie“ und die „Colitis occulta“, ein Name, den ich für jene überaus häufigen, latenten Infektionen und Entzündungen im untersten Darmabschnitt vorschlagen möchte!
Der exilrussische Prof. Metschnikoff hat recht mit seinem Urteil, daß „der Tod im Darm sitzt“. Und bei dem Naturarzt Dr. Wolff kann man lesen: „Neun Zehntel aller Krankheiten kommen aus dem Bauche!“
Wie ist es möglich, daß die Wissenschaft bislang an diesem Faktum vorbeigegangen ist? Und da muß ich sagen, daß Prof. Bier recht hat, der schon 1926 schrieb: „Was wir durch den Röntgenapparat gewonnen haben, ging aus den Fingerspitzen verloren!“
Und genau das ist auch meine Erfahrung in meiner über 40jährigen Praxis: Der Arzt verläßt sich mehr und mehr auf die Ergebnisse seiner Apparaturen, ohne sein Feingefühl bei der Behandlung anzuwenden, bzw. auszubilden.
Hier also kann der praktische Arzt wieder an Boden gewinnen, wenn er mit Finger-Feingefühl und Spürsinn untersucht, am besten bei entleertem Leib, im nüchternen Zustand des Pa-

tienten. Jede Druck- oder Klopf-Empfindlichkeit im Epigastrium (Magen-Darmbereich), besagt etwas, jede Schmerzempfindlichkeit beim tiefen Abtasten von Colon und Sigmoid *) bis ins tiefe Becken ist als pathologischer Befund zu werten! Es gibt keine Hämorrhoiden ohne Infekt oder Entzündung des Enddarmes.

Der Gesunde zeigt bei einfühlendem Tasten keine Abwehrspannung im linken unteren Bauchraum, man kann rechts in der empfindlichen Blinddarmgegend die Gegenprobe machen.

Da kein subjektiver Schmerz bislang auf diese neuralgische linke Seite hinweist, bleibt dieser Wetterwinkel von der sonst so rührigen medizinischen Wissenschaft unbeachtet.

Was heutzutage nicht durch Rectoskopie **) oder vom Röntgenapparat nachgewiesen werden kann, scheint nicht zu existieren.

Uns aber interessiert nun die Frage: Wie kann man eine chronische Colitis, auch die schwersten Formen der „Ulcerosa“ ausheilen?

Dazu gleich einige Fälle – nach einer kurzen Stellungnahme zur sogenannten vegetativen Dystonie – der Diagnose, die meist dann gestellt wird, wenn man in Wirklichkeit nicht sagen kann, was der Patient nun eigentlich hat.

---

*) S-förmige untere Dickdarmschlinge.

**) Enddarmbeleuchtung.

Die „vegetative Dystonie"

Mindestens jeder 3. Patient verläßt das ärztliche Sprechzimmer mit der Diagnose: „Vegetative Dystonie". Diese Diagnose ist nicht ganz ernst zu nehmen, sie ist eigentlich eine Verlegenheits-Diagnose, denn in dem Handbuch für die „medizinische Praxis" werden an die 3 Dutzend Ursachen dafür angeführt. Und wie steht es mit der Symptomatik? Das ist alles und nichts! Nichts Wirkliches ist zu fassen.

In dem angeführten Handbuch heißt es weiter: „Die Prognose der vegetativen Dystonie richtet sich nach der Konstitution des Patienten und der Möglichkeit, neben einer gezielten medikamentösen Therapie schädigende Einflüsse auszuschalten."

Das ist leichter gesagt als getan.

Aber allen diesen Patienten kann man nur raten, sich der Vielfältigkeit der biologischen Heilmethoden anzuvertrauen, ihre Ernährung und Lebensweise dem natürlichen Rhythmus von Ruhe und Bewegung, von Abbau und Aufbau, von Schlaf und Wachen unterzuordnen, dann wird schon vieles sich zum Besseren, eben zum Natürlichen gewendet haben.

Fälle aus der Praxis

In diesem Buch wird gezeigt, daß es nicht nur viele solche Fälle tatsächlich gibt, sondern auch, wie deren oft als unheilbar angesehenen Krankheiten geheilt werden können.

Colitis ulcerosa

Fall 1

Ein 72jähriger Regierungsrat leidet an langjähriger Colitis ulcerosa. Es handelt sich um einen bereits sehr geschwächten Mann, der infolge von 10 erfolglosen Nahrungskarenzkuren zum Skelett abgemagert war. Ungebrochen aber blieb sein Gesundungswille.

Er hatte bisher anstrengende Morgengymnastik gemacht, die ihm nun streng untersagt wurde. Seine Behandlung verlief programmgemäß. Verordnet wurde ihm Bettruhe, er wurde kräftig abgeführt mit Kneipp-Pillen, dann bekam er eine milde Fastendiät, und zwar: Weizengel mit Vitamin-Zusätzen in Form von gehackten Kräutern, oder es wurde auch je nach Bedürfnis dem Weizengel etwas reiner Bienenhonig zugesetzt. Außerdem erhielt der Patient rohe Gemüse- und Fruchtsäfte, Buttermilch, auch Zusätze von Mandel- und Haselnußmus. Gegen das auftretende Frostgefühl wurden Wärmeflaschen verabreicht. Und an Medikamenten erhielt er: Polybiontropfen, Heilerde, Floracit, wöchentlich 2 Echinacin-Injektionen *) zur Aktivierung des Abbau-Prozesses; alle 2 Tage wurde eine Darmspülung verordnet.

Eine große Müdigkeit überfiel den Patienten, der ungeduldig auf seine innere Häutung des Darmes wartete, die prompt in der 5. Woche einsetzte und 8 Tage dauerte. Darmschleimhäute von 25—30 cm Länge wurden sorgfältig aus dem Spülwasser aufgefischt und in Formalin als „Corpus delikti" aufbewahrt. Seinen vielen befreundeten Ärzten wollte er diese Leistung seines Vegetativums auch später demonstrieren.

Als die Häutung beendet war, wurde mit vorsichtiger Übergangsdiät angefangen, wobei Bananen mit frischer Sahne bei ihm eine günstige Wirkung hatten, dann fing er mit gefletscherter Vollwertkost an.

Nach 2 Monaten des gesunden und vollwertigen Aufbaues mit viel Sonnenbaden kehrte dieser Patient mit einem Plus von 5 kg in seine Heimat zurück. Er entfaltet nun in seinem Alter noch heute eine außergewöhnliche Aktivität, um volksgesundheitliche Ideen in Österreich zu verwirklichen. (Ist jetzt 86 Jahre alt!)

In diesem Fall entsteht die Frage: Gibt es eine echte Verjüngung auch ohne Hormonbehandlung?

---

*) Ecchinacea = nordamerikanischer Sonnenhut

Mein Urteil lautet: Ganz gewiß, man braucht nur den Urgrund des Lebens, das innere Keimblatt, das regenerationsfreudige Endothel, zu erneuern!

Colitis ulcerosa grava

Fall 2

Deutsche Frau, in Paris verheiratet, 2 Kinder, 28 Jahre alt, 49 kg, asthenische Konstitution, schon als Kind häufig Durchfälle, mit 12 Jahren ständig Ekzeme auf dem Unterleib, mit 15 Jahren, nach Verschwinden des Ekzems, unheilbarer Heuschnupfen, mit 22 Jahren Heirat, Fehlgeburt, nach Hormonbehandlung normale Geburt, danach unstillbare Durchfälle, Nierenschmerzen, Krämpfe in Beinen und Rücken, Leibkrämpfe, Schlaflosigkeit, Gewichtsabfall. Behandlung mit Wismut-Präparaten, Tierkohle, Belladonna und Vitaminen erfolglos.
2. Schwangerschaft. Nach normaler Geburt schwere Mastitis, vereiterter Weisheitszahn, Angina Ludovici. Penicillin-Streptomycin-Behandlung. Mit 28 Jahren ständige Krämpfe und Muskelzucken in den Beinen, nächtliche Leibschmerzen, ständiger Stuhl- und Harndrang. Die meisten Speisen werden nicht mehr vertragen, bleiben im schmerzenden Magen liegen oder werden erbrochen, Abmagerung.

Der behandelnde Pariser Enterologe *) stellt die Diagnose:

Colitis und Pericolitis, doppelseitige Salpingitis, Perimetritis, chronische Cystitis und Pyelitis **). Seine Verordnung: 3 Monate Bettruhe mit kombinierter Behandlung des Darmes und der Unterleibsorgane mit folgenden Mitteln:

Wismut, Antibiotica, Enterovioform, Dirixiode, hohe Vitamin-A-Dosen, Leberextrakte, Spülungen, Zäpfchen usw.

Als sich nach einigen Wochen der Zustand eher verschlechtert als bessert, wendet sich die Patientin an Prof. Brauchle in Schönau, der die junge Frau an mich verweist.

Behandlungsbeginn 30. 1. 64. Diagnose: Schwere Colitis ulcerosa, chronische Cystopyelitis, doppelseitige Salpingitis, starkes Untergewicht von 49 kg bei 1,74 m Größe, hochgradige Autointoxikation, Hypocalcämie (Unterdruck 100/70), Blutsenkung: 28/39, neuralgische Beschwerden im Rücken und in den Beinen, Schlaflosigkeit, Leibkrämpfe. Therapie: Vorsichtiger Abbau, Bettruhe, nach mildem Abführen setzen sofort qualvolle schleimig-blutige Stühle ein.

Die Patientin bekommt morgens und abends Weizengel, mittags Gemüserohsaft, nachmittags

---

*) Darmfacharzt.

**) Nierenbeckeneiterung.

Fruchtsaft. Als Medikamente werden gegeben: Mercurius solubilis D 6 und täglich eine Kamillosan-Darmspülung.
Nach dieser Umstimmung setzen in der ersten Woche sofort stärkste Reaktionen ein: starkes Hungergefühl, Herzsensationen, nächtliche Angstträume, Blähungen, Bauchkrämpfe.
Als Sedativum erhielt die Patientin täglich etwa eine Woche lang ein mildes Beruhigungsmittel. Dazu wurden Massagen mit Melissenolivenöl verabreicht. Nach weiteren 8 Tagen setzt unter wahren „Entbindungsschmerzen" Massenabgang langer übelriechender Darmfetzen ein. Danach erhielt sie die erste Spritze Echinacin intravenös 0,5, die eine starke Reaktion verursachte. Am folgenden Tag jauchige Darmentleerung mit großen Mengen häutiger Darmfetzen.
Wegen der starken und fast unerträglichen Rücken- und Genickschmerzen wurden täglich warme Heublumen-Halbbäder verabfolgt. Täglich werden die Mandeln abgesaugt, die große Mengen eitriger Massen entleeren.
In den folgenden Tagen werden aus der Scheide große Mengen blutigen Eiters entleert.
Nach 20 Tagen verzeichnet die Patientin stärkstes Krankheits- und Schwächegefühl, Gewicht ist weiter abgesunken.
Täglich: Laevosan (Traubenzucker) intravenös.
Leukona-sulfmoor-Halbbäder werden als sehr wohltuend empfunden, Auflegen kleiner Cantha-

ridenpflaster *) mildern die neuralgischen Beschwerden in den Beinen, im Rücken und Nacken.

Eine Woche später werden zur Belebung Rosmarin-Halbbäder gegeben. Patientin klagt viel über Magenschmerzen. Ohne Zweifel ist auch eine Gastritis **) vorhanden, die sich auch in Übelkeit, Aufstoßen und Erbrechen von Schleim, Säure und Galle äußert.

Schwerer dunkler Urin, auch tagsüber Muskelzucken und Hautkribbeln. Nach 5 Wochen (Gewicht 44,5 kg), ganz vorsichtiger Übergang zu gefletscherter fester Nahrung. Immer noch starke Blähungen, Abgang von dünnen Darmfetzen und Schleim.

Auch nach weiteren 5 Tagen ist die Zunge noch immer weiß belegt, aber das vorsichtige Essen wird gut vertragen. Der erste kleine Spaziergang wird gewagt.

Noch immer ist der Urin dunkel, Schmerzen in der Nierengegend werden festgestellt, dünne Darmschleimhautfetzen gehen weiterhin ab. Im Gaumen weiße Schleimhautstückchen.

Zum ersten Mal kommt Hungergefühl auf, und die Zunge fängt an, sich vorne zu reinigen. (Der erste Dämmerstreifen am Horizont des schweren Krankheitsgeschehens!)

---

*) Spanisches Fliegenpflaster (blasenziehend).

**) Magenschleimhautentzündung.

Nun kommt auch allmählich der Schlaf wieder, ein normales Durchschlafen setzt ein, die Kräfte wachsen langsam wieder. Das war der Wendepunkt nach 40 Tagen des Abbauens! Die Patientin war zwar noch keineswegs völlig beschwerdefrei, aber sie fühlte, daß es bergauf mit ihr ging. Nun beginnt eine intensive Hautpflege und regelmäßiges Spazierengehen. Das Mandelabsaugen muß noch beibehalten werden, ebenso die Injektionen von Laevosan.
Mit einem Gewicht von 55 kg kehrt die Patientin nach 4monatiger Behandlung geheilt zurück. Sie hielt sich streng an die vorgeschriebene Ernährung und schrieb nach 2 Jahren, daß sie sich völlig gesund fühle.

Colitis ulcerosa (Divertikel)

Selbstbericht eines Patienten. (Feldwebel).

Kinderkrankheiten: Mumps, Masern, Röteln, Mandelentzündungen.

1937	Blinddarmoperation.
1949	Mandeloperation und Nasenscheidewandkorrektur.
1956	Achseldrüsenabszesse.
1961 – 1966	Herzbeschwerden durch besondere Aufregungen.

1964/65	Erste Krankheitszeichen durch Darmstörungen, immer empfindlichere Darm-Reaktionen.
1966	Sechs Wochen im Krankenhaus wegen Bandscheibenschaden.
1966/67	Wehrdienstbeschädigung.
1971	Ende Juli Schleim und Blut im Stuhl, Bauchkrämpfe, dünn geformter bis breiiger Stuhl, schleimig. September—Oktober 7 Wochen Krankenhaus. Diagnose: Colitis bei Divertikulitis *). Ab Ende des Jahres werden Potenz- und Errektions-„Ausfallerscheinungen" zur ernsten Schwierigkeit.
1972	Nach einem Kuraufenthalt nur noch Diätessen, Blut im Stuhl mit wenig Schleim ist immer noch vorhanden, Krämpfe kommen seltener vor. Hinzu kommt Harnträufeln nach dem Wasserlassen. Ende des Jahres Beginn starker, fast ständiger Kopfschmerzen. Kleine Pickel auf der Kopfhaut zeigen ein empfindliches und großes Schmerzfeld. Auftreten einer penetranten Transpiration. Eine rectoskopische Untersuchung konnte wegen erneuten Auftretens der Colitis

*) Nußgroße Ausstülpung des Darms.

– Schmerzen, Krämpfe, vermehrt Blut und Schleim im Stuhl – nicht mehr durchgeführt werden.

1973 Am 9. Januar Einweisung ins Krankenhaus. Das Langzeitmedikament Pankreoflat, welches 1971 gute Wirkung gezeigt hatte sowie die mehr und größer werdenden Azulfidine-Gaben, konnten das Fortschreiten der Krankheit nicht verhindern. Trotz 10 Wochen Krankenhaus-Behandlung wurde mein Zustand immer schlechter. In einer Uni-Klinik Coloskopie und Diagnose: Colitis ulcerosa. Auch hier wieder eine längere Behandlung mit Tabletten vorgesehen und keine Aussicht auf Heilung! In knapp 2 Jahren also von einem Durchfall zu einer Colitis ulcerosa, akut. Am 17. 3. Transport und Behandlungsbeginn bei Dr. Stephan in St. Georgen im Schwarzwald. Ich befinde mich in völlig desolatem Zustand, starke Schmerzen im Leib, Kopfschmerzen, beim Anfassen Schmerzen am ganzen Körper, Krämpfe, blutig-schleimiger Stuhl.

Es folgten 6 schwere krisenhafte Wochen. Hinzu kam ein pararektaler Abszeß. Große Mengen übelriechenden Eiters wurden ausgeschieden. Oft hatte ich keinen Lebenswillen mehr. Erschwerend kam noch eine Bauchfellentzündung dazu. Mein Körpergewicht war nach dem Abbau auf 56 kg abgesunken. Nach 3 Wochen schneller Aufbauzeit erreichte ich 59 kg und wurde am 30. 6. aus der stationären Behandlung entlassen mit der Verordnung einer speziellen Diät und bestimmter Medikamente. Zu Hause sehr große Belastungen, da die weiterbehandelnden Ärzte wenig Verständnis für die verordnete weitere Behandlung zeigten. Am 9. 8. Rückfall, wahrscheinlich durch zu forcierten Aufbau, und am 11. 8. wieder stationäre Behandlung bei Dr. Stephan bis 30. 9. Mit vorzugsweise Rohkost-Diät vergingen Monate des weiteren Aufbaues.

1974 Nach einer vom 7.–11. 2. stattgefundenen Consiliums-Untersuchung wurde festgestellt, daß der Stuhl gut verdaut und keine Beimengung mehr hatte, nur die Prostata war noch leicht empfindlich. Ich nahm Mitte April meinen Beruf mit Halbtagstätigkeit wieder auf. Mein Zustand hatte sich weiter gebessert (15 kg Gewichtszunahme!), so daß eine weitgehende Heilung erreicht war. Vom 15. 7. 1975 an wieder ganztägig im Dienst, unter Einhaltung einer 2stündigen Mittagspause.

Aussehen und Befinden waren so, als ob ich 10 Jahre jünger geworden wäre. Die Libido kehrte zurück, und ich erreichte ein Körpergewicht von 70 kg. Um dieses Gewicht nun einzuhalten, mußte ich meine Schnitzer-Diät reduzieren. Das gesellschaftliche Leben war nun wieder von Interesse.

Die Odyssee eines Magen-Darm-Prostata-Kranken

Vor einigen Jahren erscheint ein Patient mit einer überbunten Palette von Beschwerden, zwei genau ausgefüllten Diagnose-Fragebogen, ergänzt durch eine säuberlich angefertigte Tabelle mit allen seit 1946 konsultierten 45 Ärzten, Spezialisten, Aufenthalten in Krankenanstalten mit den jeweils dort gestellten Diagnosen, Befunden, Therapiemaßnahmen und Ergebnissen. Außer den praktischen Ärzten bemühten sich um die Wiederherstellung seiner Gesundheit 9 Augenärzte, 8 HNO-Ärzte, 10 Nervenfachärzte, 2 Orthopäden, eine Universitäts-Augenklinik, ein Landeskrankenhaus und eine Kuranstalt. Nach seinen eigenen Angaben hat er ungefähr 50 verschiedene Medikamente eingenommen: Chemotherapeutika, Psyquil, Tofranil, Tripicol, Monotran, Librium 10, alle Sorten Schlafmittel, Heel-Präparate und verschiedene homöopathische Arzneien.

Irgendein bemerkenswertes Ergebnis wurde nicht erzielt! Von den praktischen Ärzten wurde er öfters jeweils 6 Monate arbeitsunfähig geschrieben. An Diagnosen wurden gestellt. Mandelpfröpfe (Operation!), Vegetative Dystonie, Schilddrüsenhyperfunktion, Herzmuskelschwäche, Hämorrhoiden, Verdacht auf zerebralen Prozeß, Neurose, Hysterie. Die beiden letzten Diagnosen wurden als Schluß seiner medizinischen Odyssee von einer Psychosomatischen Klinik gestellt, die er auf eigene Kosten aufgesucht hatte, um endlich von autoritativer Seite zu erfahren, ob nicht doch eine mögliche organische Erkrankung — entgegen den ärztlichen Ansichten seit Jahren — in ursächlichem Zusammenhang mit seinen sogenannten vegetativen Dystonien gegeben sein könnte! Ohne daß eine körperliche (somatische) Untersuchung stattfand, wurde ihm nach einstündiger Testung

und Beratung persönlich mitgeteilt und schriftlich für den Vertrauensarzt auch bestätigt, daß er seine Krankheit brauche und ohne diese nicht leben könne, daß er ein Typ sei, der umsorgt und umpflegt sein wolle, daß seine Beschwerden aus Haß gegen die Ärzte, die ihm nicht geholfen hatten, entstanden seien. In dem Bericht an den Vertrauensarzt ist von „Hysterischer Krankheitssucht, störenden Konversionssymptomen, neurotischem Krankheitswert, unbewußter Aggressivität" die Rede.
Diese Schlußbeurteilung war für den Patienten vernichtend! In seiner Verzweiflung wußte er nicht mehr, was er machen sollte! Jeden Arbeitsversuch mußte er nach 2 Tagen abbrechen.
Seine Beschwerden waren: Ständige Müdigkeit, Schwere in den Beinen, Magenschmerzen, Ohrenrauschen, Genickschmerzen, Sehverschlechterung, Kopfschmerzen, Übelkeit, schlechter Schlaf, unterbrochen durch Zwangs-Schreck-Vorstellungen, krampfartige Herzbeschwerden, Kieferschlottern, von Jahr zu Jahr zunehmende stechende, ziehende Schmerzen in der Harnröhre, Penis und Hoden, große Wetterempfindlichkeit und anderes mehr.
Wie soll hier nun ein Allgemeinarzt einen Ausweg durch diesen Symptomendschungel finden? Da ich seit Jahren charakterologisch, graphologisch und physiognomisch interessiert bin (was für den Arzt äußerst aufschlußreich und auch hilfreich sein kann!), stelle ich fest, daß die

Handschrift des Patienten völlig normal, diszipliniert, sachlich, ohne jede Aggressionstendenz ist und daher von vorne herein feststeht, daß Neurose und Hysterie auszuschließen sind. Dafür sprechen auch seine mehr athletische als asthenische Konstitution, sein breites Kinn (vitale Basis), seine kräftige Nase (Selbstgefühl), seine braunen gutmütigen Augen und die Vorgeschichte: Er war lange Soldat in Rußland und in Afrika, wo er eine schwere ruhrartige Erkrankung durchgemacht hat! Das letzte Faktum führt schnell zur richtigen Diagnose. Patient leidet seit dieser Zeit an einem alten Ruhrschaden, einem „Porösen Kolon", einer Sigmoiditis und Proktitis *). Dazu hat sich in der Folge eine massive Prostatitis **) gesellt, die bekanntlich die sonderbarsten psychischen Symptome produzieren kann. Diese Diagnosen können in diesem Falle nur die t a s t e n d e n H ä n d e des Arztes stellen: Starker Druckschmerz im Verlauf des absteigenden Kolons und eine schmerzhafte, teigige Schwellung der Prostata bei der rektalen Untersuchung. Die anderen Symptome sind Begleiterscheinungen einer jahrelangen Autointoxikation, die durch den erhöhten Indikangehalt ***) im Blut und Harn leicht zu objektivieren sind.

*) Mastdarmentzündung.
**) Vorsteherdrüsenentzündung.
***) Fäulnisstoff.

Aber was nützt nun dem Arzt eine richtige Diagnose, wenn er dafür keine wirksame Therapie kennt?
Es gibt aber eine bewährte Behandlung:
Eine mehrwöchige milde Fasten-Abbau-Fieberkur, wie ich sie schon mehrfach beschrieben habe. Nach dieser Methode wurde auch unser unglücklicher Irrläufer-Patient in einer 5-Wochen-Kur bei Bettruhe soweit wieder hergestellt, daß er mit einer biologischen Nachbehandlung durch seinen Hausarzt nach 3 Monaten wieder voll arbeitsfähig wurde.
Daß ich bei diesen diagnostischen Wirrnissen und therapeutischen Unzulänglichkeiten einen gangbaren Weg zur Heilung des Patienten finden konnte, verdanke ich dem „Ganzheitsdenken“, das mich befähigte, den Wald vor lauter Bäumen doch noch sehen zu können, und den ärztlichen Ur-Instrumenten, nämlich den Händen!

Die chronische Magenschleimhautentzündung (Gastritis)

Der Magenkranke ist ein Stiefkind der wissenschaftlichen Medizin. Sie interessiert sich erst therapeutisch für ihn, wenn durch die chemisch-physikalischen Untersuchungsmethoden massive Befunde nachgewiesen werden. Oft ist es dann

für eine Ausheilung schon zu spät, zumal die allgemein gegebenen Diäten (Kochkost, Weißbrot und weißer Industriezucker) eher verschlimmernd als heilend wirken. Erst in dem letzten Jahrzehnt hat die medizinische Wissenschaft ein diagnostisches Verfahren entwickelt (leider nur klinisch), um beginnende krankhafte Veränderungen der Magenschleimhaut nachzuweisen: die sogenannte bioptische Saugmethode. Mit einer elastischen Sonde wird ein kleiner Zylinder, bewehrt mit einem scharfen Stanzmesserchen, in den Magen eingeführt und dann ein Schleimhautfetzchen zutage befördert. Dies wird gefärbt und mikroskopisch untersucht.
Reihen-Untersuchungen im In- und Ausland bei Soldaten und Helferinnen ergaben überraschende Befunde: 30—50 % der Untersuchten hatten eine chronische Magenschleimhautentzündung (Gastritis), obwohl subjektive Beschwerden kaum geklagt wurden! Hierdurch wird die Ansicht vieler biologischer Ärzte bestätigt, daß die chronische Magenschleimhautentzündung die Ursache vieler anderer sekundärer Krankheiten ist (Dr. Aschner, Dr. Rosendorf, Dr. Kapferer, Prof. Brauchle, Dr. Becker u. a. m.).
Auch ich kann dafür eindrucksvolle Beispiele anführen: In einer vegetarischen Alpenpension fiel mir ein Gast auf, der in den schönen Mittagsplatten lustlos herumstocherte, aber kaum etwas aß. Beim Mundöffnen leuchtete eine schneeweiße Zunge auf. Meistens verließ er vorzeitig

den Eßraum und steckte sich auf dem Balkon eine Zigarette an. Gelegentlich forderte ich ihn auf, mit mir einen kleinen Spaziergang zu machen. Er lehnte ab mit der Begründung, daß er schwer herzkrank sei. Keine Autorität, kein Herzbad habe ihm helfen können. Als ich ihm sagte, wahrscheinlich sei er mehr magen- als herzkrank, war er erstaunt und bat um eine Untersuchung.
Es ergab sich starke Druck- und Klopfempfindlichkeit in der Magengrube. Seine dickbelegte Zunge, die falschen Lebensgewohnheiten, das viele Zigarettenrauchen bestätigten meine Verdachtsdiagnose. Eine mehrwöchige milde Fastenkur bei Bettruhe, danach Frischkosternährung und Kneipp-Anwendungen zur Belebung der verstopften Kapilaren führten nach 2 Monaten zu völliger Heilung und Wiederherstellung seiner Leistungsfähigkeit.

Herzneurose, Gastritis

Eine 22jährige, 176 cm große bis auf 90 Pfund abgemagerte junge Dame kann ihr Studium als Handarbeitslehrerin nicht mehr fortsetzen wegen schwerer Herzrhythmusstörungen. Länger als 10 Minuten kann sie nicht mehr gehen. Nach vergeblichen Therapieversuchen, ambulant und klinisch, stelle ich bei ihr, als sie in meine Sprechstunde kommt, als Ursache der Kreislaufstörungen eine chronische Magenschleimhautentzündung fest. Trotz des Untergewichts unterzieht sie sich 2 milden, jeweils 3wöchigen Fastenkuren (Weizengel, Rohsäfte) nach einem 2monatlichen Intervall mit nachfolgender Frischkost und intensivem Kapillartraining (Wechselduschen). Erst nach 4 Monaten erreicht sie wieder ein Gewicht von 60 kg und ist fähig, ihr Studium zu beenden. Da eine Konstitutionsschwäche vorlag, war eine relativ lange Heilungszeit erforderlich.

Schizophrenie, Gastritis

Ein 34jähriger Konditor erkrankt plötzlich an Sinnestäuschungen, Stimmenhören, morgendlichem Brechreiz. Der Vertrauensarzt verlangt Einweisung in eine psychiatrische Universitätsklinik wegen angeblicher Schizophrenie *). Die Einweisung, gegen die sich der Patient sehr sträubt, kann umgangen werden. Die Heilung erfolgte in 6 Wochen mit Brechmitteln, 3 Wochen strengem Fasten, Luft- und Sonnenbädern, Beschäftigungstherapie. Diagnose auch in diesem Fall: schwere Gastritis, Mesotrophie **), Gebißschäden.

Depression, Theraphieschäden

Ein 22jähriger Automechaniker erkrankt nach anstrengendem Fußballwettspiel in Berlin bei intensiver Sommerhitze an akuten Depressionen. Der behandelnde Spezialist verordnet sofort

---

*) Geisteskrankheit — Gespaltensein.

**) „Halb"ernährung.

Tofranil-Tabletten als Spezialmittel. Nachdem der Patient über 1000 Stück dieses Antidepressionsmittels geschluckt hat, wird er völlig apathisch, schlaflos und appetitlos; ständig hat er kalte Füße und Arme. Eine 3monatliche Ausleitungsbehandlung mit Fastenperioden, Überwärmungsbädern, Baunscheidtierungen und Frischkost führt zunächst nur zu geringer Besserung, da der Therapieschaden zu groß war. In häuslicher Umgebung wird die Behandlung mit strenger Frischkost-Ernährung und täglichen Wechselduschen fortgesetzt mit dem Erfolg, daß er nach weiteren 3 Monaten im elterlichen Betrieb wieder halbtags arbeiten kann. Völlige Heilung nach insgesamt 1 Jahr. Diagnose: Schwere chronische Gastritis, Therapieschaden.

Asthma, Gastritis, Dysbakterie

Ein 4jähriges Mädchen leidet an chronischer Bronchitis, Rhinitis und heftigen Asthma-Anfällen. Mehrmalige wochenlange Krankenhausbehandlung (mit Kortison!) verlief ohne jeden Erfolg. In meiner Behandlung bekommt sie innerhalb von 12 Tagen 2 Teelöffel Meerzwiebelsyrup als Brechmittel. Nach mehrmaligem Erbrechen ist das Asthma verschwunden. Die fieberhafte Begleitbronchitis wird mit mildem Fasten und täglichen Schwitzpackungen ausgeheilt. Auch hier lag eine Gastritis mit Dysbakterie vor als Krankheitsursache.

Das Magengeschwür

Für die unzähligen Patienten, die an einem Intestinalgeschwür leiden und auch für uns Ärzte würde es einen Segen bedeuten, wenn von den 313 verschiedenen Heilmethoden, die im Verlauf der letzten 10 Jahre für die Ulkuskrankheit empfohlen worden sind, sich eine als „Methode der Wahl" herauskristallisieren würde. Der Hamburger Kliniker A. Jores schreibt in der Münchner med. Wochenschrift über „Kritische Betrachtungen der Therapie der Ulcuskrankheit". Er beendet seinen Artikel mit den Sätzen: „... ein beredtes Zeugnis für die völlige therapeutische Hilf- und Ratlosigkeit gegenüber dem Ulkusleiden ... Wir dürfen aus unseren Betrachtungen den Schluß ziehen, daß die heutige Medizin das Ulkusleiden magisch *) behandelt." Mit anderen Worten: was heilt, ist nicht angewandte Methode, sondern die Persönlichkeit des Arztes. Denn Erfolge werden von allen Erfindern einer Methode angegeben. Daß diese Erfolge aber meist sehr flüchtiger Natur sind, besagt die Feststellung von Mahlo im Handlexikon der medizinischen Praxis, daß man nämlich nur 20% echte Heilungen des Ulkus pepticum annehmen kann.

Der letzte Weltkrieg gab mir persönlich Gelegenheit, an über einem halben Tausend ulkus-

---

*) zauberhaft, übersinnlich — geheimnisvoll.

kranker Soldaten in einem Magensonderlazarett diesbezügliche Erfahrungen zu sammeln.

Aber ein Vorkriegserlebnis mit einem ulkuskranken Pensionsinhaber war der tiefere Anlaß, daß es mir als Praktiker gelang, zum therapeutischen Leiter eines Magensonderlazaretts berufen zu werden.

Es handelte sich bei jenem Patienten um einen bereits zweimal operierten, großen, abgemagerten, seelisch niedergeschlagenen 50jährigen Mann, der wegen eines massiven Rezidivs*) vor der dritten Operation stand, aber glaubte, diese nicht überstehen zu können.

Bei ihm wurde eine bereits erprobte 6wöchige Kur durchgeführt, nach welcher er 30 Pfund zunahm und dann aus meinem Gesichtskreis verschwand. Der Zufall wollte es aber, daß ich den Patienten nach 5 Jahren bei bestem Wohlbefinden wieder traf. Irgendwelche Eß- oder Genußmittelbeschränkungen wurden nicht mehr eingehalten. Bei seinem Anblick reifte in mir die Überzeugung, daß es doch eine sichere Heilmethode auch für schwerste Ulkuskranke geben müsse. Ich halte die Heilung jenes Patienten keineswegs für eine magische, sondern für rein kausal bedingt.

Ich muß nun ein paar rein theoretische Bemerkungen zwischenfügen:

---

*) Rückfall

1. Die Ulkusgenese beruht auf Zivilisationsschäden seelischer und stofflicher Art.
2. Das lokale Leiden ist Ausdruck einer allgemeinen, mehr erworbenen als ererbten Disposition. (Es vererben sich auch bestimmte Gewohnheiten.)
3. Die Hauptursache des Leidens ist die allgemeine Gewebs a z i d o s e .
4. Das Entoderm hat dieselbe Regenerationsfähigkeit wie das Ektoderm und verlangt (wie eine Hautwunde) Ruhigstellung.
5. Eine Dauerheilung gibt es nur durch Beseitigung der allgemeinen Gewebsazidose und Ausheilung der immer vorhandenen Begleit-Gastritis.
6. Die moderne wissenschaftliche Ernährungslehre hält die Lehre von Ragnar Berg von der basenüberschüssigen Ernährung für überholt. Dies ist aber keineswegs der Fall. R. Bergs Forschungsergebnisse sind grundlegend für die Dauerheilung des Magengeschwürs.
7. Die Alkalisierung des Organismus mit Chemikalien ist unzureichend, sie muß langsam auf natürlichem, diätetischem Wege in etwa 4–6 Monaten erfolgen.
8. Die Ulkuskrankheit ist eine ernste, u. U. das Leben gefährdende Krankheit, die stets einige Wochen Bettruhe erfordert.
9. Auf Grund langjähriger Erfahrungen sage ich: es gibt fast keine therapieresistenten

Ulzera, sie verlangen aber eine eingreifende und ausdauernde innere Behandlung.

Welches Verfahren könnte man als Methode der Wahl bezeichnen?

Es handelt sich hier um eine Kombination verschiedener, bereits in der Literatur beschriebener Behandlungsarten, mit denen schon Heilerfolge erzielt wurden. Neu ist nur die Kombination und das von mir bei Kurbeginn vorgeschlagene mehrmalige kräftige Abführen, wodurch auf einfach natürliche Weise in kurzer Zeit bald die lästigen Säurebeschwerden verschwinden. Es ist bekannt, daß häufige Durchfälle sogar eine Anazidität zur Folge haben.

Die einzelnen Punkte sind folgende:

1. Vor der Kur Sanierung des Gebisses, Entfernung beherdeter Zähne.
2. Bettruhe, auch bei leichten Zuständen, die zwangsläufig später schwerer werden. „Die Ruhe ist das wahrhaft große Naturheilmittel“ (Bier). Dadurch erfolgt Umschaltung auf die vagotrophe vegetative Heilphase.
3. Zu Beginn der Kur mehrmaliges kräftiges Abführen. Durch den künstlichen Darmkatarrh werden alle chronischen Entzündungen im Bereich des Magen-Darmtraktus aktiviert und dadurch in Heiltendenz gebracht. Die Säurebeschwerden verschwinden in einigen Tagen.
4. Drei- bis fünf Mal künstliches Fieber mit intramuskulären sterilen Milchinjektionen

oder intravenösen Gaben von Echinacin oder Pyrifer. Jede neue Injektion darf nur erfolgen, wenn sämtliche vorherigen Reaktionen abgeklungen sind. Das Fieber wirkt nicht nur durchblutungsfördernd auf die Ulzera, sondern beschleunigt durch Schweiße und Stoffwechselintensivierung auch die Ausscheidung der Säuren und sonstigen Gifte (Nikotin), außerdem wirkt es nach seinem Abklingen entspannend und umschaltend auf die vagotrophe Heilphase. Nebenbei vertreibt es neue Rauchgelüste.

5. Lokale warme Wasseranwendungen wie bei der alten Leubekur oder neuraltherapeutische Maßnahmen: Novocainquaddeln über dem Segment, hautreizende Pflaster usw. (nicht unbedingt erforderlich, kann aber in den Rahmen der Kur eingebaut werden).
6. Als wichtigster Heilfaktor die Diät, die nach den eingeleiteten Maßnahmen keinerlei Schwierigkeiten von Seiten des Patienten bereitet, weil die krankhaft vermehrte Magensekretion und -motorik bereits sehr herabgesetzt sind und die Kranken appetitlos werden. Die Schleimhaut und die Drüsen des überstrapazierten Verdauungsschlauches haben endlich Muße und Gelegenheit, um gründlich Inventur machen zu können.

   Man verabfolgt daher: Gemüsebrühe mit Zusatz von Rohsäften (Möhren, Rote Bete, rohen Kohl oder den schon oft gepriesenen rohen Kartoffelsaft). Ebenso gut ist eine Abkochung von Leinsamen oder dünnem Weizengel oder von frisch gemahlenem Weizen. Das Basen- und Vitamindefizit des modernen Zivilisationsmenschen muß auf jeden Fall überkompensiert werden.

Von den Fortschritten, die die Heilung bei den Patienten macht, kann sich der Arzt täglich überzeugen durch Betasten des Leibes. Er kann von Fall zu Fall das „frugale" Menü erweitern durch Verabfolgung von Butter- oder Sauermilch, durch Zugabe von anfangs Bratäpfeln, dann durch Bananen oder anderes gut ausgereiftes Obst.

Nach diesem 2–3wöchigen milden Halbfasten erfolgt bei neu erwachendem Appetit Übergang zu morgendlich verabreichtem Schnitzer-Naturmüsle, mittags Kartoffelbrei mit Rohkost, Pellkartoffeln, Quark, Knäckebrot, Kräuterbutter, rohem Eidotter, rohem Sauerkraut und allen Salaten anderer Art. Ein Basenüberschuß in der Ernährung muß unbedingt gewährleistet sein, bis der Patient seinen eigenen gesunden Eßinstinkt wieder erlangt hat. Erst dann ist die krankhafte Disposition beseitigt. So bald wie möglich wird auf Schnitzer-Intensivkost übergegangen, die zumindest einige Wochen konsequent beibehalten werden soll – danach erfolgt die individuell zuträgliche Erweiterung auf Schnitzer-Normalkost.

Der Patient kann die Zuversicht haben, sein Geschwürsleiden auf immer losgeworden zu sein, wenn er sich vernünftige Eß- und Lebensgewohnheiten aneignet.
Gastritis und die häufige Begleitkolitis und die meist vorhanden gewesene Obstipation werden bei dieser Behandlung stets mit auskuriert, was ebenfalls eine Gewähr für die wirkliche Ausheilung des Geschwürsleidens bietet.
Wenn man der Natur die entsprechenden Bedingungen gibt, um das quälende, das ganze Sozialgefüge des Volkes schwerbelastende, nur dem Zivilisationsmenschen vorbehaltene Leiden auszuheilen, bringt sie in verhältnismäßig kurzer Zeit das Wunder fertig, Schäden zu beseitigen, zu deren Manifestierung es vieler Jahre unvernünftiger und falscher Lebensweise und Seelenhaltung bedurfte. Der Arzt hat nur die Aufgabe, der Natur dabei den Weg frei zu machen.

Die Dickdarm-Erweiterung (Megacolon)

Einen 15jährigen Bauernjungen, bei dem schon 3 Jahre zuvor wegen oben genannten Leidens eine Operation vorgenommen worden war, nahm ich versuchsweise in meiner Privatklinik auf, da für ihn keine andere Existenzmöglichkeit mehr bestand. Die Mutter mußte bis dahin diesem Sohn, dessen Leib gespannt und wie eine Trommel aufgetrieben war, mit Mühe und Not täglich aus dem After einige schwarze Kotballen mit den Fingern entfernen. Er war aus der Volksschule entlassen worden und niemand wußte etwas mit ihm anzufangen.

Bei Bettruhe wendete ich nun folgende Behandlung an: Er bekam nur rohe Obst- und Gemüsesäfte mit reichlicher Beimischung von geschrotetem Leinsamen. Der Kot wurde mehrmals täglich manuell *) entfernt, kleine Seifenklistiere angewendet, dazu 3 mal täglich ein Eßlöffel P a r a f l u i d gegeben.

Nach 10 Tagen waren alle alten Stuhlreste entfernt, und der Leib begann langsam an Umfang abzunehmen. Nun begannen tägliche Ganzmassagen mit Olivenöl, von dem 30 bis 40 Gramm durch die Haut resorbiert wurden, dabei wurden 2 mal täglich leichte Leibmassagen im Uhrzeigersinn ausgeführt.

Nach 4 Wochen war der Bauch normal und die Därme waren zusammengezogen und nicht mehr druckempfindlich.

Nun gab es als Ernährung: rohen Karottenbrei mit geriebenen Zwiebeln und Knoblauch, rohes Sauerkraut, rohen Apfelbrei mit etwas Schlagsahne, etwas Kartoffelbrei, reichlich Leinsamen.

---

*) mit den Fingern.

Als medikamentöse Behandlung wurden verabreicht homöopathisch: Opium D 4 und 2 Eßlöffel Paraffin per os. *).
Nach 6 Wochen erfolgte die erste spontane **) Stuhlentleerung! Es wurde dann leichte Gymnastik zur Stärkung der Bauchmuskulatur angewendet. Es folgten noch 8 Wochen Diät-Ernährung mit Müsli, Rohkost, Pellkartoffeln, Reis, Sauermilch, Vollkornbrot usw.
Nach 10 Wochen konnte der Patient gesund entlassen werden und trat eine Stelle als Lehrling in einem Fahrradgeschäft an.

Das Bronchial-Asthma

Es gibt kaum eine Krankheit, über die so viel nachgeforscht worden ist, wie das Asthma bronchiale, jener Zustand plötzlich einsetzender Atemnot, über dessen Ursache eine einheitliche, befriedigende Ansicht noch nicht vorliegt. Gegen dieses Leiden sind Hunderte verschiedener Mittel im Gebrauch. Das ist eine Tatsache, die uns beweist, daß keines dieser Mittel im stande ist, die Krankheit wirklich zu heilen, im Gegenteil, durch die nur symptomatische Wirkung nimmt das Leiden meist einen chronischen Verlauf.

---

*) mit dem Mund.
**) „Von selbst".

Fast alle Sondergebiete der Medizin, vom Psychotherapeuten bis zum Chirurgen, haben sich mit der Therapie des Bronchialasthma befaßt. Verschiedene Hypothesen sind aufgestellt worden: Einige Forscher betonen den nervösen Charakter des Leidens. Sie sprechen von einer vegetativen Neurose. Andere Kliniker wollen das Bronchialasthma als allergische Krankheit aufgefaßt wissen.

Wenn auch viele Beobachtungen für beide Hypothesen sprechen, so ist noch keine Lösung gefunden, wodurch es zu dieser pathologischen Empfindlichkeit kommt.

Die Beobachtung, daß 81 % der Asthmatiker auch eine Blutveränderung aufweisen im Sinne einer Vermehrung der eosinophilen Blutzellen, muß einen Hinweis dafür geben, daß beim Asthmatiker nicht nur eine konstitutionelle Organminderwertigkeit der Atmungsorgane vorliegt, sondern daß die Gesamt-Konstitution eine Veränderung erfahren hat.

Ich möchte in diesem Zusammenhang über ein Erlebnis berichten, welches der Anlaß war, daß ich mich in langjähriger Praxis mit dem Bronchialasthma näher befaßt und mir über die Ursachen dieser Krankheit mein eigenes Urteil gebildet habe.

Einer meiner Jugendfreunde, ein mittelkräftiger Landwirtssohn, litt seit seinem 7. Lebensjahr an Bronchialasthma, das sich von Jahr zu Jahr verschlimmerte. Alle Mittel und Kuren in Asthma-

Heilbädern, monatelange Behandlung in Kliniken waren vergeblich. Nächtelang saß der junge Mensch im Bett, nach Luft ringend, ohne daß Injektionen, Räuchermittel oder Inhalationen ihm wesentliche Erleichterung bringen konnten.

Als Student erkrankte er dann an Grippe, die er nach Studentenart durch Zufuhr reichlicher Mengen Alkohol auszukurieren versuchte. Im Verlauf dieser Krankheit kam es zu einem nicht diagnostizierten Pleura-Empyem (Brustfelleiterung), das sich schließlich durch die Lunge nach außen entleerte. Mit Lungengangrän *) und allgemeiner Sepsis (Blutvergiftung) wurde der 25jährige Mann ins Krankenhaus eingeliefert, an dem ich damals gerade tätig war. Nach 6wöchigem Ringen mit dem Tode wurde der Patient schließlich nach 4monatiger Behandlungszeit entlassen. Er hatte zwar ein versteiftes Knie zurückbehalten und einige Finger verloren, jedoch wurde er durch diese schwere Erkrankung von seinem fast 20 Jahre bestehenden Asthma befreit.

Ähnliche Beobachtungen, daß nämlich durch Überstehen fieberhafter Krankheiten langjährige Asthmaleiden geheilt werden, sind in der Literatur mehrfach beschrieben worden. Aus diesen Erfahrungen geht hervor, daß es sich beim Asthma nicht um eine angeborene, unbeeinflußbare Konstitutions-Anomalie handelt, sondern um eine erworbene Schädigung, die durch

*) Gangrän = Brand.

eine radikale *biologische Umstimmung* behoben werden kann. Diese, den Körper bis in seine letzten Zellen beeinflussende Organminderwertigkeiten ausgleichende Behandlung nennt man Konstitutionstherapie. Sie allein ist geeignet bei einem Leiden, wie es das Bronchialasthma ist, eine dauernde Heilung zu erzielen. Die Zeit spielt bei der Behandlung eine große Rolle, denn es ist zu berücksichtigen, daß bereits lange vor dem Auftreten der Krankheitssymptome die ersten Organschädigungen wirksam waren.

Für die Behandlung muß man unterscheiden:

Die Krankheitsbereitschaft oder Krankheitsdisposition als Folge einer pathologischen Konstitution, und

die akuten Symptome der Anfälle, die durch irgendwelche Reize ausgelöst werden und gegen die der Patient vom Arzt schnelle Abhilfe verlangt.

Auch für den Arzt, der mit den natürlichen Heilfaktoren Luft, Licht, Sonne, Wasser und Diät Konstitutionstherapie bei dem Asthmakranken betreibt, bleibt die Frage offen: Wo liegt die primäre Organschädigung? Was ist die innere Ursache für die Asthmabereitschaft? Ohne Zweifel liegen individuell verschiedene Entstehungsgründe vor. Therapeutische Überlegungen und praktische Erfahrungen haben mich zu der Überzeugung geführt, daß bei der Mehrzahl der Asthmakranken eine primäre Schädi-

gung in Form einer latent chronischen Entzündung im Bereich der Magen-Darm-Schleimhaut vorliegt.
Weil die Symptome dieser Erkrankung an ganz anderen Organen auftreten, konnte diese Feststellung bisher verborgen bleiben. Schon der Ausdruck der vegetativen Neurose muß aber einen Hinweis dafür geben, daß die eigentliche Ursache im „vegetativen Betriebsstück“ zu suchen ist.
Die genaue Abtastung der Bauchorgane bei entleertem Leib ergibt in 85 % aller von mir beobachteten Asthma-Fälle auffallenden Druckschmerzen des absteigenden Dickdarms, ferner eine abnorme Schmerzempfindlichkeit des Plexus solaris, des Sonnengeflechts, zwischen Nabel und Brustbein.
Beim Asthma liegt eine Unterfunktion des Sympathikus vor, die meist vorhandene Bronchitis ist sekundärer Natur, weil die schädlichen Toxine aus dem Lungenblut in die Bronchien herausgefiltert werden. Bei den Asthma-Kristallen haben wir es mit höchst ätzenden, sauren Ausscheidungen zu tun, gegen welche das Lungen-Epithel sich durch Schleimbildung zu schützen sucht. Durch die chronische Infektion und durch falsche Ernährungsweise kommt es zu einer Verschiebung des Säure-Basen-Gleichgewichts nach der sauren Seite und die dadurch bedingte Mineralstoffverarmung führt zu einer erhöhten Reizbarkeit.

Wenn man die von mir behauptete Magen-Darmschädigung bei Asthmatikern berücksichtigt, kann man mit einer Dauerbesserung bzw. Dauerheilung fast in allen Fällen rechnen. Für die Durchführung einer erfolgreichen Konstitutionstherapie sind folgende Unterscheidungen notwendig.

1. Prognostisch günstig sind alle noch unkomplizierten Asthmaerkrankungen, bei denen es noch zu keiner Schädigung des Lungenepithels oder des Herzens gekommen ist.
2. Therapeuthisch schwieriger und zeitraubender ist die Asthmabehandlung bei solchen Fällen, die kompliziert sind durch Veränderung der Bronchialschleimhaut, Lungenblähung und Herzmuskelschwäche, die immer im Verlauf des chronischen Asthmas sich einstellen.
3. Besonders schwierig sind jene Fälle, bei denen außer dem unter Nr. 2 erwähnten Folgekrankheiten noch eine Arzneimittelvergiftung vorliegt, weil hier bei keiner einzigen Körperzelle noch eine normale biologische Reaktionsfähigkeit vorliegt.

Es ist erforderlich zu wissen, daß bei Beginn der Behandlung oft Verschlimmerungen der Anfälle eintreten. Die Symptome von Müdigkeit, Zerschlagenheit, Zunahme des Auswurfs, Nachlassen des Appetites, Gewichtsabnahme, sind Anzeichen dafür, daß die chronische Krankheit einen akuten Charakter einnimmt. Jede Regeneration geht mit vermehrtem Ruhebedürfnis und vorheriger Gewichtsabnahme einher. Auf diese Erscheinungen muß der Patient vor Beginn der Behandlung aufmerksam gemacht werden, damit er nicht die Flinte ins Korn wirft, ehe die Umstimmung vollzogen ist und der Dauererfolg sich einstellt.

An Stelle der symptomatisch wirkenden Mittel werden bei der Konstitutionsbehandlung die Anfälle zweckmäßig durch Verabfolgung eines B r e c h m i t t e l s bekämpft. Vielfach erreicht man dadurch eine Beseitigung des Bronchialkrampfes und leitet gleichzeitig die Umstimmung ein. Es empfiehlt sich folgendes Rezept:

Rp Pulv. Ipecac. 1,0 (Brechmittel)
Tart. stib. 0,1 (Brechmittel)
Oxymel scillae 50,0 (Brechmittel)
Aqu. font. ad 100,0

Beim Anfall alle 10 Minuten 2 Teelöffel oder morgens nüchtern 2 Teelöffel bis zur Wirkung. Das Mittel wird, wenn vom Patienten nicht abgelehnt, 1 Woche lang gegeben. Es tritt dadurch eine leichte katarrhalische Entzündung im Bereich der Magen-Darm-Schleimhäute auf, die nunmehr mit Diät und Ruhe behandelt werden muß. Infolge sich einstellender Appetitlosigkeit kann die verordnete Nahrungsbeschränkung gut vom Patienten ausgehalten werden. Als Diät verordnet man basenüberschüssige, reizlose Frischkost: rohes Obst, Fruchtsäfte, rohe Milch,

Gemüse-Kartoffelsuppen, später auch Kartoffelbrei, frische Salate und leichte Gemüse.
In anderen Fällen leitet man die Behandlung durch Geben eines kräftig wirkenden Abführmittels ein.
Zur Unterstützung dieser ableitenden Verfahren mit nachfolgender diätetischer Umstellung muß in allen Fällen eine besondere Pflege der Hauttätigkeit einsetzen. Je nach Möglichkeit müssen heiße Waschungen, Wechselduschen, warme Bäder, Bürstenbäder, heiße Teilbäder, Abhärtung durch Luftbäder, kühle Waschungen, Sonnenbäder, auch künstliche Quarzlampenbestrahlungen mit einhergehen.
Bei langjährigen Leiden empfiehlt sich ein noch intensiveres Ableitungsverfahren, nämlich das des künstlichen Ekzems oder der künstlichen Hauteiterung anzuwenden.
Es ist allgemein bekannt, daß sich bei Kindern nach einem geheilten Ekzem sich Asthma einstellte, weil giftige Stoffwechselprodukte nicht mehr nach außen durch die Haut, sondern nach innen durch die Bronchien ausgeschieden wurden. Manche Stoffe, die nicht harnfähig sind, scheint der Organismus nur auf dem Wege der künstlichen Eiterung los zu werden. Es empfiehlt sich daher das Anlegen einer Hautfontanelle oder die Einreibung mit pustelerzeugenden Ölen. Bei keinem Fall von langjährigem Asthma verzichte ich auf diese immer leicht durchzuführende Behandlung.

Auch auf die seelische Behandlung muß der Arzt bei den Asthmakranken Wert legen. Es ist eine außerordentlich schwierige Aufgabe, die durch jahrelange Mißerfolge enttäuschten und entmutigten Patienten wieder in eine gläubige und vertrauende Seelenhaltung zu bringen.

Krankhafte Fettsucht

Eine junge Frau, 30 Jahre alt, 230 Pfund schwer, 1,68 m groß, hat seit ein und einem halben Jahr die Periode verloren. Sie klagt über mannigfache Beschwerden: Blutandrang nach dem Kopf, Kopfschmerzen, Schwindel, Atemnot. Wegen des Ausfalls der Periode sucht sie Spezialisten und auch die Universitätsklinik in einer Großstadt auf. Alle Bemühungen sind ohne Erfolg. Da sie wegen ihres Aussehens an schweren Minderwertigkeitsgefühlen leidet, will sie bei Tage nicht mehr auf die Straße gehen. Schließlich wird sie mir überwiesen.

Ich stelle einen viel zu niedrigen Blutdruck fest, der auch auf Kreislaufschwäche schließen läßt. Ich verordne Bettruhe, kräftiges Abführen, Rohsaftfasten, Zufuhr von Mineralien (Osspulvit), dazu Heublumenbäder und Ameisensäure-Injektionen.

Bereits nach 14 Tagen stellt sich die Periode wieder ein, worauf sich alle Beschwerden merklich bessern.

Die Patientin verliert in 5 Wochen 40 Pfund, dabei hat sie die meiste Zeit gelegen, nur die Matratze ist das Opfer!
Mit Frischkost-Diät wird sie bei gutem Wohlbefinden entlassen. Nach 6 Monaten stellt sie sich wieder vor mit einem Normalgewicht von 138 Pfund. Dabei hat sie während der letzten 3 Monate keine strenge Frischkost-Ernährung mehr eingehalten.
Bei einem anderen Fall handelt es sich um einen 15jährigen Tischlerlehrling, 1,65 m groß, 182 Pfund schwer, geschlechtlich unentwickelt, immer müde, deprimiert, er weint viel, hat Minderwertigkeitskomplexe, wird von der Belegschaft gehänselt. Wissenschaftliche Diagnose: Dystrophia adiposogenitalis. Der Junge hat krankhaften Appetit. Ich stelle bei ihm fest: Dysbakterie, latente Colitis, Drüsenstörung.
Auch in diesem Fall verordne ich Bettruhe, schon besserer Eß-Kontrolle wegen, kräftiges Abführen, die Ernährung besteht aus Weizengel, Obst und Gemüsesäften. Zweimal wöchentlich Echinacin-Injektionen, um durch Fieberreaktionen den ganzen Stoffwechsel anzukurbeln. Die Eßlust schwindet, es ist gute Gewichtsabnahme zu verzeichnen. Nach 4 Wochen erfolgt Abgang von alten Darmschleimhäuten. Erst nach 7 Wochen ist der Darm nicht mehr druckempfindlich. Der Gewichtsverlust betrug 35 Pfund. Nach 6 Monaten ist aus dem armen Fettkloß ein froher, sehr fleißiger, junger Mann geworden!

Kreislaufkrankheiten

Es ist allgemein bekannt, daß die Herz- und Kreislaufkrankheiten die meisten Todesopfer fordern, viele Menschen werden in den besten Jahren ihrer Schaffenskraft hinweggerafft!
Das brauchte nicht zu sein, denn bei keiner Krankheitsgruppe sind die Fastenerfolge so schnell und so eindeutig wie bei den Kreislaufgeschädigten.
Oft fragen mich Patienten, ob auch ihr Herz bei einer Fastenkur nicht leiden würde, dann erzähle ich ihnen immer die Geschichte einer 46jährigen Lehrersfrau, die sich wegen Herzbeschwerden in meine Behandlung begeben hat. Sie konnte, als sie ankam, kaum die Stufen bis zum 1. Stockwerk hochsteigen, wo sie zu ihrer Kur untergebracht war. Während dieser Kur läßt sie mich öfters rufen, weil sie glaubt, sie müsse sterben. Sie erleidet Schmerzen durch abgehenden Nierengries, von dem sie bislang nichts wußte. Nach Entwässerung des Körpers und einem geringen Gewichtsverlust wird sie, sich sehr wohl fühlend, mit guten Wünschen und bestimmten Diätvorschriften nach 5 Wochen entlassen. Einige Monate später, zur Urlaubszeit, treffe ich sie wieder in Partenkirchen, flott einherschreitend, braun gebrannt, heiter gestimmt. Sie kommt mir entgegen und sagt: „Gelt, Herr Doktor, das hätten Sie wohl auch nicht gedacht, daß ich heute morgen schon auf den Wank ge-

stiegen bin, mich dort gesonnt habe und soeben zu Fuß wieder zurück gekommen bin!" Vor ihrer Kur hätte sie diese Unternehmung nicht mit der Seilbahn gemacht.

Herzleiden werden auch oft durch verborgene Magenleiden verursacht. Das erlebte ich als Kurgast in einer vegetarischen Pension, wo ich einen gut aussehenden, etwas vollblütigen Herrn beim Mittagessen beobachtete, wie er immer in allen Speisen herumstocherte und beim Öffnen des Mundes eine schneeweiße Zunge zeigte.

„Aha" denke ich, der hat eine Magenschleimhautentzündung und daher keinen Appetit. Denn meistens läßt er das Essen fast unberührt stehen und zündet sich schnell auf der Terrasse eine Zigarette an. Der Zufall will es, daß wir eines Tages ins Gespräch kommen, und ich frage ihn, ob er mit mir einen Spaziergang in die Klamm machen will. Er antwortet mir, daß er das nicht könne, denn er sei schwer herzkrank, er habe schon alle Autoritäten konsultiert, viele Herzbäder besucht, aber ihm könne niemand helfen. Nach einigen aufklärenden Worten läßt er sich von mir untersuchen, und er entschließt sich sofort, bei mir eine Diät-Fasten-Kur zu machen, die er auch 5 Wochen ganz streng einhält und danach völlig geheilt und leistungsfähig entlassen wird. Seine Magenschleimhautentzündung wurde ausgeheilt!

Ein anderer Fall ist der einer 23jährigen Semi-

naristin, 1,80 m groß, 52 kg Gewicht, die wegen Herzbeschwerden und Kreislaufstörungen zu mir in Behandlung kam. Sie war damals schon 1 Jahr untätig und konnte nicht länger als höchstens 10 Minuten gehen. Ich stellte bei ihr eine chronische Gastritis, Colitis, hormonale Drüsenstörungen und Herzmuskelschwäche bei asthenischer Konstitution fest.
In halbjährigem Abstand machte sie je 2 milde Weizengel-Fastenkuren von je 4 Wochen durch bei völliger Ruhe, anschließend nahm sie Frischkost zu sich, abwechselnd mit tonisierender Kost, milde Kneippanwendungen wurden verabfolgt und homöopathische Mittel gegeben. Ein halbes Jahr nach der letzten Kur schreibt sie mir, daß ihr Spazierengehen viel zu langweilig sei, sie ginge einkaufen, mache Gartenarbeit und Gymnastik. Sie hat ihr Studium wieder aufgenommen und vollendet, dabei 17 kg an Gewicht zugenommen!

Problem-Krankheit Psoriasis

Am 17. 4. 1973 ist in Hamburg ein neuer Verein gegründet worden: „Der Deutsche Psoriasisbund E. V.“ Seine Anschrift lautet: Hamburg 3, Johnallee 67.
Am Anfang des verschickten Merkblattes wird folgendes berichtet: „In der Bundesrepublik leben mehr als 1,3 Millionen Menschen, die an

Psoriasis erkrankt sind. Die Häufigkeit der Erkrankung und die bisher trotz aller ärztlicher Bemühungen unbefriedigenden therapeutischen Möglichkeiten haben Mediziner und erkrankte Laien deshalb bewogen, den deutschen Psoriasisbund zu gründen."

Vor Jahren schrieb in einem Gesundheitsblatt der allzu früh verstorbene Naturarzt Dr. med. Werner Tiegel u. a. folgendes in einem Artikel über Psoriasis: „Ich bin zwar kein Forscher, aber ein Arzt aus der Praxis, der sich in fast 3 Jahrzehnten ärztlicher Tätigkeit auch schon über die Schuppenflechte seine eigenen Gedanken gemacht und darüber nachgedacht hat. Ich meine, es greifen mehrere Ursachen ineinander. Der Stoffwechsel ist sicher mit im Spiele. Das geht aus den guten Erfolgen hervor, die man bei einem Teil der Patienten mit Diätkuren erzielte. Ich richte aber mein Hauptaugenmerk bei allen Hautkrankheiten mit Vorliebe auf den Darm, und da liegt bei den Psoriatikern doch sehr oft vieles im Argen. Viele sind verstopft, viele weisen Symbiose-Störungen auf. Das soll heißen, das Zusammenleben zwischen Darmbakterien mit der Darmschleimhaut ist gestört. Die Entgiftungsfunktionen des Darmes versagen. Freilich kommt die Disposition (Erbanlage) hinzu. Auch bei der Schuppenflechte ist nicht nur die Haut als solche, sondern der ganze Mensch erkrankt. Und danach hat sich die Behandlung zu richten."

Meine eigenen langjährigen Erfahrungen bei der Psoriasis-Behandlung bestätigen die Ansichten Dr. Tiegels, welcher der Ursache dieser Hauterkrankung auf der Spur ist.
Meine Beobachtungen lassen mich nun folgendes behaupten: Die Grund-Ursache liegt in einer versteckten chronischen Entzündung im Bindegewebe des Mastdarms (Peri-Paraproktitis). Diese wurde bislang noch nicht gefunden, weil sie mit technischen Mitteln nicht nachzuweisen ist! Sie ist weder auf dem Röntgenbild zu sehen, noch mit dem Rektoskop festzustellen, weil pathogene Bakterien die Schleimhaut passiert haben und nun im Bindegewebe ihr Unwesen treiben. Die genannte Diagnose kann nur durch den Tastbefund des untersuchenden Arztes gestellt werden (antiquierte Methode!).
Wenn der Patient gut abgeführt wurde und man am andern Tag den entspannten Leib, am besten in nüchternem Zustand, im linken unteren Beckenbereich durch tiefes Eindrücken abtastet, wurden bei allen Psoriasis-Kranken Schmerzen geäußert, die auf der rechten Seite, der empfindlichen Blinddarmgegend, nicht vorhanden sind. Würde nun diese Diagnose anerkannt, so stünde die wissenschaftliche Medizin vor dem Problem, wie man diese chronische Entzündung ausheilen sollte. Etwa operieren? Einen künstlichen After anlegen (Anus präter)? Dies wäre aber ein zu komplizierter Aufwand, ohne die Gewißheit eines Erfolges.

Daher ist dieses Problem nur mit bewährten biologischen Methoden zu lösen, und zwar durch eine 4–6wöchige milde Weizengel-Rohsaft-Fasten- oder Halbfasten-Kur bei Bettruhe mit Aktivierung durch gut warme Kamilleneinläufe, ansteigende Fieber-Halbbäder oder Fieber-Erzeugung mit intravenösen Echinacin-Injektionen oder intramuskulären sterilen Milchspritzen (3–10 ccm). Zusätzlich Vitamine und reichlich Lebertran (täglich 3–5 Eßlöffel). Bei starkem Juckreiz haben sich Umschläge mit Buttermilch bewährt.

Nach diesem Reinigungsprozeß bekommen die Patienten einige Monate Schnitzer-Intensivkost *), dazu dosierte Sonnen- oder Höhensonnen-Bestrahlungen, die in allen Fällen mit guter Wirkung vertragen werden. Schon zu Anfang der Kur gehen die Hauterscheinungen deutlich zurück ohne äußere Mittel.

Da durch die jahrelange Intoxikation die Leber ohne Zweifel gereizt oder geschädigt wurde, ebenso wie möglicherweise die Nebenniere und die Hypophyse (Hirnanhangdrüse), sollten die Patienten eine regenerierende Diät, wie sie die Schnitzer-Kost darstellt, zu sich nehmen.

---

*) Dr. J. G. Schnitzer, Mechthilde Schnitzer „Schnitzer-Intensivkost, Schnitzer-Normalkost" mit 14-Tage-Fahrplan, 100 Farbtafeln, 196 Seiten. Neu überarbeitet, mit Angaben von Tageskalorien und -Joule, BE und Tagesmengen von Eiweiß, Fett und Kohlehydraten. Schnitzer KG Verlag, D-7742 St. Georgen / Schwarzwald.

Zu den scheinbar unheilbaren Hauterkrankungen gehört auch die

„Dermatitis herpetiformis morbus Duhring".

Als klassisches Beispiel möchte ich für diese Hauterkrankung folgenden Fall berichten.

Zunächst der Selbstbericht des Patienten:

„Im August 1966 machte sich an beiden Füßen ein stark juckender Hautausschlag bemerkbar. Da sich dieser Ausschlag in den folgenden Wochen immer stärker ausbreitete, suchte ich einen guten Hautarzt auf. Die Diagnose des Dr. B. lautete: Fußpilz! Es folgten dann Salbenbehandlungen, aber anstatt einer Besserung breitete sich dieser „Pilz" immer weiter aus und hat, innerhalb eines halben Jahres, bereits die beiden Kniescheiben und Oberschenkel erreicht. Auf meine Bitte um ein juckreizstillendes Mittel wurde Dr. B. heftig und verwies auf seine äußerst teueren Salbenverordnungen. Das Vertrauensverhältnis zwischen Arzt und Patient war dadurch getrübt und ich gewann den Eindruck, daß dieser Arzt sich in seine Diagnose „verrannt" hatte, und seine Fehldiagnose nun nicht eingestehen wollte. Also Arztwechsel! Der nächste Hautarzt, Dr. S., erklärte mir auf meine Frage hin, daß dies kein Hautpilz sei und verordnete mir Tabletten und entsprechende Salben. Der Behandlungserfolg war ebenfalls negativ. Inzwischen hatte sich der Ausschlag weiter ausgebreitet, jetzt waren auch die Arme befallen. Also wieder Arztwechsel! Nun kam ich zu

einem dritten Haut-Facharzt, der ein Virus unbekannter Herkunft diagnostizierte. Es wurden Volon-Tabletten und Volon-Salbe verordnet. Wieder eine vierteljährliche erfolglose Behandlung. Nun zeigte ich meinem Hausarzt den Ausschlag, der sich über den ganzen Körper ausgebreitet hatte, und zwar in blutenden und stark juckenden Ekzemen. Er veranlaßte eine sofortige Überweisung in die Universitäts-Haut-Klinik in Heidelberg. Die wirkliche Genese war bis zu diesem Zeitpunkt noch unbekannt.
Prof. Dr. Sch., leitender Chefarzt, stellte noch am Einlieferungstag die Diagnose: Dermatitis herpetiformis Duhring. Die Krankheit sei relativ selten und es sei so gut wie keine Literatur hierüber vorhanden, wie man mir sagte. Es folgte nun eine intensive Untersuchung und Behandlung wie Gewebeschnitte, Brustbeinpunktionen, Leberteste, Nieren- und Magenaufnahmen, umfangreiche Blutuntersuchungen, Eigenblutspritzen, Öl- und Kleiebäder usw. An Salben wurden u. a. Betnesolsalben verwendet, und an Medikamenten erhielt ich Lederkyn-Tabletten (Sulfonamid) 1–2 Stück pro Tag. Diese Behandlung brachte eine Besserung aber keine Heilung. Ich blieb auf Anraten der Ärzte nach 10wöchiger stationärer Behandlungsdauer in ambulanter Behandlung. Die Tabletten-Verordnungen und Salbenbehandlungen sowie Blutbild-Überwachung gingen weiter. Bei schlechtem Blutbild mußte ich mich wieder in stationäre Behandlung

begeben. Während dieser 4jährigen Behandlungsdauer war ich dreimal auf der Station. Im Laufe der Behandlung hatte ich ab und zu Magenschmerzen. Der Magen wurde untersucht, Röntgenaufnahmen veranlaßt und Magenschonkost verordnet. Die letzten heftigen Magenschmerzen traten im Herbst vorigen Jahres auf. Auf dem Röntgenbild wurde ein Ulkus und eine schwere Gastritis festgestellt. Trotz meines Hinweises auf die Unbekömmlichkeit der Sulfonamid-Tabletten wurden diese wieder verordnet und meine Bedenken zerstreut. Soweit die Uni-Klinik.
Mein Hausarzt Dr. D. war über die Lederkyn-Verordnung nicht glücklich. Aber ohne diese Tabletten breiteten sich die Ekzeme weiter aus und machten mir das Leben zur Hölle. Gegen das Magengeschwür erhielt ich 30 Ulcumel-Spritzen. Aber der Zustand des Magens besserte sich nicht. Mit diesen Magenschmerzen machte ich mit meiner Frau eine Kneipp-Kur in einem Kneipp-Sanatorium. Ein ärztliches Attest hat mir Dr. D. ausgestellt. Der dortige Kneipparzt, Dr. A., hat mir nach der Untersuchung die Sulfonamid-Tabletten sofort verboten und hoffte die Ausbreitung der Ekzeme durch Wechsel- und Kleiebäder, Massagen usw. in Schach zu halten. Die Magenschmerzen hörten nach 2–3 Tagen völlig auf. Der Hautausschlag trat, wie zu erwarten war, wieder stärker in Erscheinung. Wegen der stark juckenden und daher blutenden Ekzeme

mußten jeden Morgen die Bettlaken gewechselt werden. Nach einiger Zeit setzte ich Herrn Dr. A. davon in Kenntnis, daß ich die Absicht hätte, mich wegen der Hautkrankheit einem Allgemein-Arzt anzuvertrauen. Am 16. Oktober 1971 übernahm dieser Allgemein-Arzt die Behandlung der Haut und meiner chronischen Gastritis. Die Behandlung dauerte 2 Monate. Ich war mit meiner Frau in einem Bauernhof untergebracht und wurde täglich ärztlich betreut.
Heute kann ich mit ruhigem Gewissen die Tatsache feststellen, daß dieser Arzt mit seinem Heilverfahren mich von dieser furchtbaren Hautkrankheit, an der ich über 6 Jahre litt, g e h e i l t hat."
Soweit der Eigenbericht des enttäuschten, hautkranken Patienten.
Als er bei der ersten Untersuchung nackt vor mir stand, fiel mir sofort eine voluminöse Vorwölbung unter dem Sternum (Brustbein) auf: es war der hochgradig geblähte, s e h r druckempfindliche Magen. Die Untersuchung des Leibes ergab ebenfalls ein schmerzhaftes absteigendes Kolon bis ins untere Becken (Latente Kolitis, Dysbakterie). Die Untersuchung der Prostata *) bestätigte meine Vermutung: eine mittelschwere Prostatitis. Keine Zahnherde. Die Zunge war stark belegt, der Rachen grau „gesprengelt". Die ganze Haut fleckig gerötet, mit kleinen Bläschen

*) Vorsteherdrüse.

übersät. Blutkrustige Kratzeffekte an den Armen und in der Darmgegend, mißmutiger Gesichtsausdruck (verständlicherweise!). Die Diagnose „Dermatitis herpetiformis Duhring" ist vor allem auf eine chronische Autointoxikation durch ein entzündetes Intestinum *) vom Munde bis zum Anus **) zurückzuführen.

Die Ausheilung dieses Leidens erfolgte durch eine milde, sechswöchige Fasten-Regenerationskur bei relativ viel Ruhe, intensiviert durch wöchentlich 2 Myoechinacin-Injektionen, und zum Schluß im Intervall mit 3 Pyrifer-Spritzen (50 — 100 — 200 Einheiten). Die starken reaktiven Verschlimmerungen (Juckreiz, Schlaflosigkeit) wurden gemildert durch intravenöse Injektionen von 20%igem Calc. gluconic, Osspulvit, Basika, Baunscheidtierungen des Rückens, Ganzmassagen mit 10%igem Melissen-Olivenöl, durch ableitende Kantharidenpflaster, ferner durch laue Schwefel- und Pernioninbäder. Zeitweise verschwand der Juckreiz ganz, der Patient konnte dann durchschlafen, und nach neuen heftigen Reaktionen ließ er dann allmählich ganz nach. Das Exanthem ging schon sofort nach Beginn der Behandlung zurück. Nach 6 Wochen Abbau-Fasten erfolgte der Übergang zu viel Rohkost-Salaten, zu Obst, Pellkartoffeln, Quark, Yoghurt, Knäckebrot und Vollkornbrot.

---

*) Eingeweideschlauch.

**) After.

Von Medikamenten wurde noch Bryonon *), Gastricholan **) und Heilerde gegeben. Ferner waren Kamillosan-Darmeinläufe verordnet. Nach der Entlassung brachten einige Saunabäder die allerletzten, ganz schwachen Juckerscheinungen zum Verschwinden.

Epikrise:

Wenn diese schwere Hauterkrankung mit quälendstem Juckreiz und zermürbender Schlaflosigkeit nach 6jähriger vergeblicher Behandlung, die mit großem diagnostischem und therapeutischem Kostenaufwand durchgeführt worden war, in knapp 10 Wochen völlig zur Ausheilung kam, wie leicht wäre es dann gewesen, bei Beginn der Krankheit eine schnelle Heilung zu erzielen!

Thrombosen sind vermeidbar

Thrombosen sind Blutpfropfbildungen in den Blutadern (Venen) des Körpers. Löst sich ein solcher Pfropf, fließt er mit dem Blutstrom weiter und blockiert schließlich ein anderes Organ (Lunge u. ä.), so sprechen wir von einer Embolie ***). Thrombosen und Embolien haben

*) Vitamin-B-Komplex.
**) Magen-Lebermittel.
***) wandernder Blutpfropf.

im wesentlichen 3 Ursachen: Beschädigungen der Venenwand durch Gifte, verlangsamter Rückstrom des Blutes und chemisch-physikalische Veränderungen des Blutes.
Viele Autoren betonen folgende Tatsache: Thrombosen sind selten in Kriegs- und Hungerzeiten, aber häufig in den üppigen Perioden des Wohlstandes. Sie sind daher auch ein viel diskutiertes Kongreßthema bei Internisten, aber noch mehr bei Chirurgen: „Operation gelungen, Patient tot durch nachfolgende Embolie!"
Bei Tieren in freier Wildbahn gibt es keine Thrombosen!
Sie scheinen also durch die Zivilisation bedingt zu sein.
Menschen und auch Haustiere haben zu „dickes" Blut, deswegen empfiehlt der ehemalige Wiener Frauenarzt und Chirurg Dr. B. Aschner in seinen Büchern: Bei allen vollblütigen Patienten soll vor der Operation (8 Tage) ein Aderlaß von 250 ml gemacht werden, damit werden Embolien so gut wie sicher ausgeschaltet. Erforderlich wäre außerdem eine gründliche Darmreinigung und eiweißarme, obstreiche Kost.
Thrombosen gehören zu den „Plus-Krankheiten".
Das erlebte der Verfasser auch häufig in seiner 40jährigen Praxis, denn niemals traten während reinigender Abbaukuren, selbst bei 80jährigen Liegepatienten nicht, Thrombosen ein! Dies ist ein auffallender Tatbestand.

Daß forcierte Abbau-Maßnahmen auch bei verzweifelten Thrombosefällen lebensrettend sind, dafür folgende drei Beispiele:

1. 30jährige, übergewichtige Frau bekommt eine Woche nach der Geburt ihres 3. Kindes Thrombosen in beiden Beinen und im Becken. Das linke Bein ist bereits seit 2 Tagen weiß, kalt, ohne Blutzufuhr. Patientin ist pulslos, hoffnungsloser Allgemeinzustand, 95%ige Todeskandidatin. Verfasser übernimmt die Behandlung als dritter Arzt. Sofortiger energischer Abbau: Rizinus, Aderlaß, Kantharidenpflaster an das noch warme Bein, heiße Sandsäcke an das kalte Bein. Als Ernährung gibt es nur Honigwasser. Ein Wunder geschieht: bereits am 3. Behandlungstag strömt das Blut wieder ein in das abgestorbene Bein, es wird rot, dann aber blau, schließlich im unteren Teil schwarz (Gangrän). Eine Amputation ist unmöglich, in der Folge tritt zweimal Wundrose mit hohem Fieber auf. Es war ein sehr schwerer Fall, aber nach einem halben Jahr ist die Patientin wieder völlig hergestellt, nur 5 Zehen mußten abgenommen werden.
   Das ist ein Sieg streng naturgemäßer, kausaler Behandlung bei einem scheinbar hoffnungslosen Fall.
2. Eine 50jährige, übergewichtige Landarbeiterin, durch Unfall beide Füße eingebüßt, erkrankt plötzlich an mannigfachen Throm-

bosen im ganzen Körperbereich. Ein Krankheitsbild, das ich noch in keinem Lehrbuch verzeichnet fand: Lippen blau, jagender Puls, schwerster Krankheitsbefund. Sofortiges kräftiges Abführen und je 10 Blutegel an die Beinstümpfe bringen die Rettung! Auffallend war der aashafte Gestank des schwarzen Blutkuchens nach Entfernen der Verbände am anderen Tag. Anschließend Fruchtsaft-Fasten, später Rohkost, Heilung nach ca. 3 Monaten.

3. Arbeiterfrau, 42 Jahre, 7 Geburten, 6 lebende Kinder, alte Lungen-TBC, an beiden Beinen netzartige dicke Venengeflechte. Beantragte Unterbrechung der Schwangerschaft wird von der Universitäts-Klinik zwar abgelehnt, auf die Gefahr der Thrombophlebitis aber hingewiesen. Im 8. Grav.-Monat stellt sich diese in gefährlicher Weise auch ein. Überall harte, rote, schmerzende Venenstränge, allgemeiner Kräfteverfall! Eigentlich hätte die Klinik nun selbst mit dieser Katastrophe fertig werden müssen, aber ich schickte die Patientin nicht weg. Behandlung: Kleiner Aderlaß von 125 ml, auf die schmerzenden Venenstränge Kantharidenpflaster, ein Abführmittel, reine Obstdiät. Bereits nach einigen Tagen Besserung, die harten Stränge werden weich, entleeren galliges Serum aus den Pflasterblasen; auf neu sich bildende Herde sofort wieder Pflaster, nach 12 Tagen Bettruhe,

wird die Patientin unerlaubter Weise beim Wäschewaschen außer Bett angetroffen! Heilungsverlauf weiterhin ohne Komplikationen.

Facit: Das „Hungerblut“ rekanalisiert die verstopften Gefäße! Die Thrombosierungstendenz des Blutes wird sofort beim Abbau rückläufig. Diese Beobachtung, geschildert an 3 schweren Fällen, könnte durch Dutzende anderer bestätigt werden. Niemals gab es Versager! Jedenfalls eins steht fest: Für Prophylaxe *) und Behandlung haben sich am besten bewährt: Die Blutegel! Ihnen sei der nachfolgende Artikel gewidmet.

„Die kleinen schwarzen Kollegen"

Es ist nicht bekannt, welcher Arzt es war, der zuerst die gierigen kleinen Sauger, die wurmschnecken-ähnlichen Wesen, genannt Blutegel, als „kleine schwarze Kollegen“ bezeichnet hat. Auf jeden Fall war es ein dankbarer Mann, der ihre medizinischen Zauberkunststücke bei vielen Krankheiten genau kannte und sie so gewürdigt hat, daß er ihnen ohne Approbationsnachweis den Ehrentitel „Kollegen“ zubilligte.

---

*) Vorbeugung.

Daß der medizinische Blutegel, nicht zu verwechseln mit dem Fisch- oder Pferdeegel, der „Hirudo medicinalis", seit einigen Jahrtausenden als geschätzter Heilgehilfe in den Zeitläufen eine mehr oder weniger bedeutende Rolle gespielt hat, ist allgemein bekannt, wenn man auch nicht wissen wird, daß noch vor 160 Jahren z. B. in Paris allein in Jahresfrist 6 Millionen Blutegel zu Heilzwecken verbraucht wurden. Aber der Zeitgeist der aufblühenden Naturwissenschaften verurteilte sie bald zur Bedeutungslosigkeit, verdrängte sie in die Winkel schmutziger Baderstuben und Schäferkarren, wo sie nur von vergangener Herrlichkeit träumen und auf ihre Ehrenrettung warten konnten.
Da die Entwicklung des menschlichen Geistes immer in Spiralen verläuft, scheint heute ihre Zeit wieder gekommen zu sein.
Es ist ein Kuriosum, daß heutzutage, in einer Zeit, in der eine medizinische Großtat die andere ablöst, die kleinen, unansehnlichen Blutegel ihre medizinische Daseinsberechtigung wieder anmelden wollen.
Die Frage scheint berechtigt: Wozu Blutegel, wenn man mit Sulfonamiden, mit Penicillin, schwerste, früher oft tödlich verlaufende Infektionen erfolgreich bekämpfen kann? Wozu Blutegel, wenn durch synthetische Vitamine, Hormone, isolierte Fermente und Enzyme der Zellstoffwechsel und die Drüsentätigkeit des Organismus wirksam beeinflußt werden? Wozu Blut-

egel, wenn das Messer des Chirurgen sich tief ins Gehirn, ja bis ins Innere des Herzens vorwagt?
Ist es nur ein schlechter Witz, wenn der Blutegel „Kleiner schwarzer Kollege“ genannt wird, oder sind diese Schmarotzer in der Tat kleine Chirurgen und Internisten von Gottes Gnaden?
Der Leser möge selbst entscheiden:
Wenn fünf mittelgroße Blutegel es fertig bringen, einen schmerzhaften, pflaumengroßen Vorderarm-Karbunkel mit Fieber und entzündeten Lymphsträngen innerhalb von 48 Stunden so zum Verschwinden zu bringen, daß man nach Ablauf dieser Zeit vom ganzen Krankheitsprozeß kaum noch etwas merken kann, dann können diese kleinen Zauberkünstler wohl mit Penicillinspritzen in siegreichen Wettbewerb treten. Mit ihren drei kleinen Kalksägen im Kiefer haben sie schonend, wie ein geschickter kosmetischer Chirurg dabei nur ihr Werkzeichen eingeritzt: einen kleinen Mercedesstern, als Symbol für Güte und Leistung.
Bei der heimtückischen und langwierigen Venenentzündung, bei der sich Blutpfröpfe in den Blutadern bilden, sind Blutegel wieder das Mittel der Wahl geworden, das durch kein besseres ersetzt werden kann. Nicht nur durch Blutentzug infolge Saugens und Nachblutung (6–24 Stunden), sondern auch dadurch, daß die Blutegel ihrem Wirt, in diesem Falle dem Patienten, als Dank für die opulente Mahlzeit eine

Spritze Hirudin ins Gewebe verabfolgen, üben sie durch diesen blutverdünnenden und gerinnungshemmenden Stoff eine ursächlich-heilende Wirkung aus.
Wissenswert ist, daß sie von dieser Mahlzeit, bei der sie ihr Gewicht versechsfachen, etwa ein halbes Jahr lang leben, ehe ihr Appetit wieder erwacht. Es sei hier noch erwähnt, daß sie in vielen akuten und chronischen Krankheitsfällen Hilfe bringen, und zwar auf einfache, schonende, natürliche und billige Weise.

Ursachen des Rheumatismus

Alle 4 Jahre findet an einem schönen Ort in der Welt der internationale Rheumatologen-Kongreß statt. In seinem Schlußreferat auf einem dieser Kongresse verlautbarte Prof. Thridt aus Chicago die höchst bemerkenswerte Feststellung: „Die Zahl der Rheumatiker, denen mit einem Placebo (harmloses Scheinmittel) geholfen ist, ist gleich groß oder höher als die Zahl derjenigen, denen irgendeine oder sämtliche der üblichen Behandlungsmethoden, einschließlich Salizylate und Cortison, etwas nützen."
Diese Offenheit eines Rheumaexperten ist zwar anerkennenswert, aber betrüblich die Tatsache, daß die wissenschaftliche Rheumaforschung hoffnungslos in einer Sackgasse festgefahren zu

sein scheint. So geht es denn weiterhin Millionen wie einst dem französischen Dichter Paul Sarron, der sein Rheumaleiden in Versen geschildert hat: „Ein armer Wicht, fast kein Gewicht, mit schiefem Kopf, unsel'ger Tropf, von früh bis spät gekrümmt-verdreht, ganz abgezehrt, niemandem wert, zur Pein verdammt bei Tag und Nacht – ein Leben – in der Hölle zugebracht!"

Angesichts der Rheumamisere brennt die Frage unter dem Nagel: Ist wirklich das Rheuma eine Sphynx? Wer seine wissenschaftlichen Scheuklappen ablegt und sich auch in der reichhaltigen Literatur der sogenannten Außenseiter umsieht, wird bald eines Besseren belehrt werden. Schon vor 2400 Jahren war der „Vater der Heilkunde", Hippokrates, mit seiner Säftelehre auf dem richtigen Wege. Seine Anhänger, die „Humoralpathologen", haben mit ihren Ausleitungsmethoden das Rheuma bessern oder ausheilen können. Ihre Verfahren hat der vor 10 Jahren verstorbene Konstitutionstherapeut Dr. Aschner wieder entdeckt, verbessert und an 7000 Rheumakranken erprobt. Beim Studium der entsprechenden Lektüre kommt man zu dem Schluß, daß das Rheuma 5 verschiedene Ursachen haben kann.

1. Das Rheuma beruht auf einer mangelnden Ausscheidung von Körperschlacken.

   Manche dieser Abfallstoffe sind garnicht harnfähig, sie müssen ausgeschwitzt oder ausgeeitert werden. Nicht umsonst hat die Natur den menschlichen Organismus mit 70 Millionen Schweißdrüsen versehen, die beim Zivilisationsmenschen ziemlich brach liegen. Seine Gaumenmandeln scheiden bei jedem Kauakt harter Nahrung verbrauchte Lymphe aus. Aber wer kaut heute noch harte Sachen – und lange genug?

2. Das Rheuma ist eine Ernährungskrankheit.
   98 % der zivilisierten Menschheit leidet an Schäden des Gebisses und des Skelettes. Die Landesversicherungs-Anstalten verpulvern jährlich viele Millionen Mark, wenn sie ihre Rheuma-Kurpatienten weiter mit der säure-überschüssigen „üppigen Unterfunktionsnahrung" füttern.
3. Das Rheuma ist eine Herderkrankung.
   Das Herdproblem bleibt aber so lange ungelöst, solange man nicht alle Herde und anderen Ursachen in eine kausale Therapie einbezieht. Wo befinden sich Herde? Wissenschaftlich anerkannt sind sie in den Zähnen, in Nebenhöhlen, Mandeln, Ohren, Unterleibsorganen der Frau und in der Prostata des Mannes. Nicht anerkannt sind sie im Bereich des Magen-Darmkanals, noch nicht einmal in Form der Dysbakterie!
4. Das Rheuma ist eine Krankheit der kleinen Kapillaren *).

*) Nährgefäße.

Durch das dicke (visköse) Blut entarten die Gefäße, das Körpergewebe wird schlecht durchblutet und dadurch krank.

5. Das Rheuma kann durch eine erbliche Veranlagung, durch Klima-Einflüsse (feuchte Wohnungen), durch nicht richtig ausgeheilte akute Infekte mitbedingt sein. Es kann dadurch eine Rheumadisposition entstehen. „Wo die Sonne nicht hinkommt, da kommt der Arzt hin“, sagt der Volksmund.

Behandlung einer rheumakranken 26jährigen Patientin

(chronische fiebrige Polyarthritis)

Der so verbreitete Muskelrheumatismus kann durch kurzes Fasten, Rohkost (Schnitzer-Kost), Sauna und kräftige Massagen relativ leicht ausgeheilt werden. Daß man aber auch scheinbar unheilbare Fälle ausheilen kann, das erlebte ich bei einer 26jährigen, schon 6 Jahre berenteten Kontoristin.

Es handelte sich um eine sekundäre Polyarthritis fast sämtlicher Körpergelenke, das rechte Knie bereits im Winkel von 120 Grad versteift, besonders schmerzhaft und geschwollen aber ist das linke Knie. Sie ist Rollstuhlpatientin mit dem typischen Cortison-Vollmondgesicht, leidet unter chronischer Opstipation, hat Stuhlgang nur mit Abführmitteln, ihr Schlaf hängt von den Schmerzen ab. Ihre Körpertemperaturen schwanken zwischen normal bis 39 Grad. Sie muß viel schwitzen. Es ist schon alles mögliche versucht worden, um ihr zu helfen: 6 Wochen Badekur in Bad Kreuznach, 4 Wochen Badekur in Baden-Baden. Nach einer Kur im Stollen von Böckstein bei Bad Gastein verspürte die Patientin etwas Erleichterung, die aber nicht anhielt. Ihr Gewicht betrug 55 kg bei einer Größe von 1,63 m, Blutsenkung: 45/74.

Für den biologisch denkenden Arzt war es klar, daß ohne Beseitigung der chronischen Stuhlverstopfung und ohne Regeneration des durch ständige Abführmittel geschädigten, und nunmehr porösen Enddarms eine Besserung oder gar Heilung völlig ausgeschlossen war! Nach erneuter Zahn-Röntgen-Kontrolle werden 2 beherdete Zähne gezogen.

Behandlung: 8 Wochen mildes Fasten mit Weizengel, Leinsamenschleim, Mandelmilch, Rohsäften, Weizenkeimen und Kleie, Apfel-Bananen-Sahne-Brei. Dazu das Ansetzen von Blutegeln, Kantharidenpflastern, Ameisensäurespritzen, Heublumenbäder, Sonnenbestrahlung, Freiluftliegen: Dazu wird innerlich gegeben: Basika, Bryonia-Komplex und anderes mehr.

Danach kommt der Stuhlgang von selbst, die Temperaturen werden normal, die Patientin kann sich mit Krücken alleine fortbewegen, die

Schmerzen sind gemildert. Nun erfolgt der Übergang zu Frischkost. Nach 10wöchiger Behandlung ist sie imstande, mit ihren Pflegeeltern ins Thermalbad nach Zurzach zu fahren, wo sie sich im Wasser tummeln kann. Nach 4monatiger Behandlung erfolgt ihre Entlassung. Sie hat keine wesentlichen Schmerzen mehr, kaum noch Gehbeschwerden. Durch einen Sturz im Elternhaus zieht sie sich einen doppelten Armbruch zu, der sie zwingt, in ein Krankenhaus zu gehen. Dort wird ihr das versteifte Bein in Narkose gestreckt und in eine gerade Linie gebogen, wodurch die Gehfähigkeit wieder fast völlig hergestellt wird. Ständig weitere Besserung des Befindens bei Einhaltung der vorgeschriebenen Diät. Auch die Blutsenkung hat sich normalisiert. Die Patientin ist nun im häuslichen bäuerlichen Betrieb beschäftigt.

Behandlung der Arthrosis deformans

Im Februar 1939 wurde in mein Sanatorium eine 69jährige, völlig gelähmte Uhrmachersfrau aus dem Harz eingewiesen, die seit 12 Jahren an Arthritis deformans sämtlicher Körpergelenke litt. Die Angehörigen hatten die Aufnahme durch unwahre Angaben erschmuggelt. Jede Behandlung schien sinnlos, man hätte die Patientin besser in einer Heilanstalt untergebracht. Da aber der alte Ehemann sich mit aufnehmen ließ, was die seelische Verfassung der Patientin wesentlich verbesserte, wurde von einem Rücktransport Abstand genommen.

Befund: 176pfündige, übergewichtige Frau. Sämtliche Körpergelenke, besonders Knie, Hüften, Ellenbogen und Schultern versteift, sulzig geschwollen und schmerzempfindlich. Aktive und passive Bewegung nirgends möglich. Innere Organe ohne Befund, nur der Leib im Epigastrum und in der unteren Kolongegend sehr druckempfindlich. Die Frau trägt komplette Zahnprothese. Seit Jahren werden Schmerztabletten eingenommen, die aber schon seit einiger Zeit nicht mehr anschlagen.

Behandlung: Entzug sämtlicher symptomatischer Mittel, für die quälende Schlaflosigkeit abends starken Baldriantee, mehrmaliges Abführen mit einem stark wirkenden Abführmittel, 4wöchiges Rohsaftfasten, wöchentlich zwei Injektionen mit Acid. formic D 12, D 6, zweimal wöchentlich ansteigendes Fieberbad mit Heublumen oder Schwefelzusatz und mit nachfolgender Schwitzpackung, gelegentlich Kantharidenpflaster oder Blutegel an die schmerzenden Gelenke. Nach dem Fruchtsaftfasten 11 Monate strenge Rohkost.

Verlauf: Die lästige Schlaflosigkeit (bedingt durch den Aminophenazonentzug) verschwindet nach 3 Monaten. Erste Besserung an den Ge-

lenken zeigt sich nach 5½ Monaten! Nach 8 Monaten erste Gehversuche mit Krücken.
Endergebnis: Nach 1jähriger Behandlung kann die Patientin an ihrem 70. Geburtstag einen flotten Walzer tanzen. Gewichtsverlust betrug etwa 50 Pfund.

Ein weiterer Fall von Arthrosis

Eine 36jährige Pfarrersfrau klagt nach der Geburt des 4. Kindes über Schmerzen im linken Hüftgelenk, die sich durch Gehen und Stehen verschlimmern. Krankenhaus-Behandlung mit Bettruhe und Kurzwellenbestrahlung war erfolglos. Auch homöopatische Behandlung brachte nur vorübergehende Besserung; Hüftschmerzen links und Gehbehinderung sind seit 5 Jahren Dauerzustand.
Behandlung: Extraktion eines herdverdächtigen Zahnes, vierwöchiges Fruchtsaft- und Obstfasten bei Bettruhe, wöchentlich ein bis zwei ansteigende Heublumen- oder Schwefelbäder, im Intervall von 14 Tagen 2 Pyriferinjektionen, lokale Wärmeanwendungen.
Nach der Entlassung setzt die Patientin zu Hause die Frischkost-Ernährung fort. Nach einem halben Jahr nimmt sie neben ihren Pflichten als Hausfrau und Mutter aus wirtschaftlichen Gründen ihren früheren Beruf als Lehrerin

wieder auf. Anläßlich eines Besuches stellte ich fest, daß sie kurz vor der Geburt ihres 5. Kindes stand, und noch täglich Arbeiten im großen Pfarrgarten verrichtete.

Die Arthrosis deformans ist eine Stoffwechselerkrankung, die weder nur altersbedingt noch durch Überanstrengung entsteht, wie häufig in der Literatur behauptet wird. Sie setzt so massive Veränderungen im Organismus, daß auch eine entsprechende krankheitsauslösende Ursache angenommen werden muß.
Nach meinen Beobachtungen liegen neben falscher vitamin- und basenarmer Ernährung immer Herderkrankungen vor, und zwar meistens solche im Bereich des Dickdarms. Man mache bei den Arthritis- und Arthrosis-Patienten die Probe: Nach kräftigem Abführen taste man den entleerten und gut entspannten Leib genau ab und versuche das absteigende Kolon und Sigmoid tastend unter die Finger zu bekommen. Man wird meistens eine starke Abwehrspannung oder eine auffallende Druckempfindlichkeit feststellen können. Oft schmerzt diese Druckstelle den Patienten noch tagelang. Es handelt sich dabei um mehr als nur eine „Dysbakterie“. Kolibazillen sind in die submuköse Schleimhautschicht eingedrungen (nach Dr. Heupke trennt nur eine zehntelmillimeterdicke Epitheldecke uns von Leben und Tod). Diese chronische Infektion führt zu einer Gewebsazidose und in

der Folge zur Entkalkung der Knochen mit reaktiv entzündlichen Randzackenwucherungen und zur Zerstörung der Knorpelsubstanz. Die ständig gebrauchten analgetischen Mittel chronisieren den Zustand und lassen natürliche Heilreaktionen überhaupt nicht mehr zu. Es bedarf erst einer längeren intensiven, entgiftenden biologischen Behandlung, bis die natürlichen Gewebsreaktionen wieder hergestellt sind.

Meine Behandlung der Arthritis und Arthrosis deformans besteht in

1. Beseitigung aller Herde.
   Bei den Mandeln genügt häufiges „Rödern“ in laufenden Behandlungen. Hartnäckige Nebenhöhleneiterungen heilen erst im Laufe der Behandlung. Alle verdächtigen Zähne sind sofort zu entfernen.
2. Regeneration der meist chronisch affizierten unteren Kolonschleimschicht durch Fruchtsaft-, Obst-, Weizengelfasten bei Bettruhe, durch Einläufe, Heilerde, Knoblauchpräparate, Leinsamen.
3. Intensivierung des gesamten Stoffwechsels durch Fieberbäder oder fiebererzeugende Injektionen.
4. Lokal: schmerzstillende Anwendungen in Form von blasenziehenden Pflastern, Pustelausschlägen, Fontanellen, Ansetzen von Blutegeln, kalten Kompressen, Kyttaplasma, Kyttafluid.

5. Umstimmungsverfahren durch Ameisensäure-Injektionen, weibliche oder männliche Geschlechtshormone (je nach Konstitution).
6. Überangebot von Vitaminen und Mineralstoffen durch basenüberschüssige Schnitzer-Kost, zugleich Zufuhr von Spurenstoffen durch geeignete Präparate.

Diese vielseitige Behandlung bedeutet keine Polypragmasie *), sondern potenziert sich bei diesem so hartnäckigen Leiden, das sich sonst so therapieresistent **) zeigt.

Auf symptomatische Mittel muß bei dieser Kausalbehandlung verzichtet werden. Ohne Geduld und eine entsprechende geistige Einstellung zu Opferbereitschaft sind die großen Erfolge einer Dauerheilung nicht zu erreichen. Der seelische Minus-Zustand eines Laisser aller“ ***) der Patienten muß durch den therapeutischen Optimismus des Arztes überwunden werden.

Wenn aber Fachleute behaupten, die Arthrosis deformans habe mit der Ernährung garnichts zu tun und in großen wortreichen Büchern über diätetische Fragen kein einziges Wort verlieren, dann irrt hier die Wissenschaft, denn Erfahrung und praktische Erfolge reden eine andere Sprache.

---

*) Ausprobierung vieler Behandlungsmethoden.
**) schwer heilbar.
***) gehen lassen.

Mit dem altchinesischen Weisen Dschung-Dse möchte man in diesem Falle sagen: „Mit einem Fachmann kann man nicht vom Leben reden, er ist gebunden durch seine Lehre.“

Afterfisteln

Neben Operation und Fadendränage gibt es noch ein biologisches Verfahren, das kausal und relativ schnell (in 6–8 Wochen) After- und Vaginalfisteln abheilen läßt.
Die Fisteln entstehen durch latente chronische Entzündungen im und um den Mastdarm. Diese Entzündungen sind weder röntgenologisch noch rektoskopisch nachzuweisen. Tastet man aber die entspannte untere linke Beckenregion ab, treten stechende Schmerzen auf. Diese Befunde zeigen auch fast alle Rheumatiker, und auffallend sind sie bei Psoriasis rheumatica, deren Ursache bislang ja auch noch im dunkeln liegt. Auch alle an Anal- und Scheidenfisteln Erkrankten sind im unteren Darmbereich druckempfindlich.
Therapie: Der Patient wird kräftig abgeführt mit Nattermann-Tee und Rizinusöl an zwei aufeinander folgenden Tagen, um den Prozeß zu aktivieren. Dann folgt eine 3 – 5wöchige Weizengel-Rohsaft-Fastenkur mit Bettruhe. Alle Regenerationsvorgänge erfordern Bettruhe!

Zur Intensivierung des Prozesses wird zweimal wöchentlich Echinacin intravenös injiziert. Man beginnt mit 0,5 ml und steigert die Dosis bis auf 2,00 ml. In der 3. Woche wurde den Patienten zusätzlich Pyrifer gegeben. Da dieses Präparat nicht mehr im Handel ist, kann man auch sterile Milchinjektionen von 3 bis 8 ml in den oberen äußeren Gesäßquadranten verabfolgen. Jeden zweiten Tag wird eine warme Darmspülung vorgenommen.

Anfangs sondert die Fistel noch sehr stark ab, aber nach 3 bis 5 Wochen schließt sie sich völlig. Auch aus dem Darm kommen zu dieser Zeit nekrotische Schleimhaut- und Gewebefetzen, die man sich in Formalin aufbewahren kann, um sie dann den Ungläubigen in der Umgebung zu zeigen.

Dieses kausal-biologische Verfahren ist absolut risikolos. Ein 19jähriges Mädchen, dem man wegen Colitis ulcerosa den ganzen Dickdarm entfernt hatte und einen Anus präter angelegt hatte, wurde auf diese Weise in 5 Wochen von einer Darm-Vaginal-Fistel geheilt. Auch der Restdarm heilte aus, was Vorbedingung für die Beseitigung des Anus präter durch eine zweite Operation war.

Cystitis-Pyelitis *)

Dr. med. Buchinger schreibt in seinem bekannten Heilfastenbuch:

„Besonders wäre hier auch z. B. auf die guten Aussichten hinzuweisen, die sich für die subakuten und chronischen Coli-Pyelitiden (Nierenbeckenentzündungen) und Zystiden (Blasenentzündungen) ergeben, da ja nachweislich durch das Heilfasten der Widerstand gegenüber dem Colibazillus erhöht wird. Das von uns geprägte, wohl etwas salopp klingende Wort: „Der Fastenurin heilt seine eigenen Wege" ist richtig zu verstehen.

Auch der sehr erfahrene und belesene Verfasser der „Rohsäftekur", Dr. Dr. Heun, bestätigt Dr. Buchingers Ansichten. Er schreibt: „Das Fasten ist auch bei chronischen Infektionen der ableitenden Harnwege angezeigt. Sowohl Nierenbecken- wie auch Blasenentzündungen werden auf diese Weise geheilt, wenn keine besonderen Komplikationen vorliegen."

Die Ansichten dieser beiden Fasten-Experten kann ich voll und ganz bestätigen. Den Beweis für die Ausheilung durch Fasten mögen zwei schwerste Fälle chronischer Nierenbeckenentzündungen bringen, wie sie schwieriger wohl kaum auszudenken sind.

---

*) Blasen-Nierenbeckenentzündung.

Fall 1. Frau W., 26jährige Zahnarztfrau mit chronischer Nierenbecken- und Blaseneiterung. Der behandelnde Facharzt für innere Krankheiten überweist die Patientin mit folgendem Bericht: „Hiermit überweise ich Ihnen Frau E. W. aus E. mit einer Cystopyelitis. Nach einer in Berlin vorgenommenen Ureterencystoskopie und Röntgenuntersuchung handelt es sich um eine Hufeisenniere, weshalb damals von einer vorgeschlagenen Operation abgesehen wurde. Die verschiedenen Tierversuche fielen hinsichtlich Tbc-Kulturen negativ aus. Bei Frau W. haben objektiv die verschiedensten Behandlungsmethoden versagt, jedoch ist durch mehrfachen längeren Aufenthalt in südlichen Gegenden in Dalmatien und Italien eine Zunahme der Widerstandsfähigkeit des Gesamtorganismus eingetreten, was in diesem Fall wohl die Hauptsache gewesen ist. Ich bitte, sich Frau Ws. annehmen zu wollen."

Nach der ersten Geburt bekam Patientin eine Thrombose und Nierenkoliken und hat seit dieser Zeit eine ständige Nierenbecken-Blaseneiterung stärksten Grades. Zweimal wurde deswegen eine Schwangerschaft aus medizinischen Gründen unterbrochen. Mehrmalige Kuren in Wildungen mit Nierenspülungen waren erfolglos, ebenso Einspritzungskuren. Um der jedesmaligen Verschlimmerung im Herbst und Winter zu entgehen, verbringt sie in den letzten Jahren den Winter in Dalmatien und Italien und verspürt auf die starke Sonnenbestrahlung hin vorübergehende Besserung. Nachdem ein Berliner Facharzt die Hufeisenniere festgestellt hat, wird von jeder weiteren Behandlung wegen Erfolglosigkeit abgesehen.

Beschwerden: Patientin klagt über Müdigkeit, Arbeitsunlust, Druckgefühl zu beiden Seiten der Lendenwirbelsäule, beim Steigen Atemnot. Schlaf, Appetit, Stuhlgang sind gut, die Regel normal.

Objektiver Befund: Gute, kräftige Konstitution, Gewicht 65 kg bei einer Größe von 163 cm. Augen sind sehr trüb und müde, Gesichtsfarbe gelb-blaß mit roter Äderung der Wangen. Fettpolster gut, Temperatur normal, nach Bewegung Steigerung um ein halbes Grad. Lungenbefund normal, Puls regelmäßig, leicht unterdrückbar, 86 in Ruhe, Blutdruck 100, Nieren sind neben der Wirbelsäule deutlich tastbar und sehr druckempfindlich. Seit 7 Jahren besteht der Urin, besonders der Nachturin, zur Hälfte aus Eiter und Sediment, der Geruch ist faulig und stechend scharf. Patientin gibt an, daß bei Kälte, Diätfehlern, bei Aufregungen und wenig Schlaf das Befinden sofort schlechter wird. Sie lebt von gemischter Kost, raucht täglich 5—10 Zigaretten.

Diagnose: 7jährige chronische Nierenbecken-Blaseneiterung. Konstitutionelle Anomalie der Nieren (Hufeisennieren).

Behandlung: Zunächst Diätänderung, 3 Wochen eiweißarme Frischkosternährung ohne Tag-Bettruhe, wöchentlich 3 warme Schwefelvollbäder mit örtlicher Wärmebehandlung der Nieren. Einspritzungen von artfremden Eiweiß-Körpern: 2 mal wöchentlich, Absaugen der Gaumenmandeln.

Nach 4 Wochen ist die Eiterung etwa um die Hälfte zurückgegangen, nachdem mitunter im Urin Unmengen grünlicher Gewebsfetzen abgegangen sind. Das Gewicht ist um 4 kg gesunken. Die Patientin fühlt sich subjektiv wohler, sieht aber recht blaß und müde aus. Nachdem der begleitende Ehemann abgereist ist, bekommt Patientin Bettruhe verordnet und wird auf reine Obsternährung gesetzt. Wöchentlich werden nun 2 mal Schwitzpackungen und Vollbäder verabreicht, dazu Eiweißeinspritzungen weiterhin und tägliches Absaugen der Mandeln, die ständig übelriechende Eiterpfropfen absondern.

Nach 4 wöchiger reiner Obst- und Fruchtsafternährung ist das Körpergewicht auf 53 kg zurückgegangen. Patientin hat kein Verlangen mehr nach anderer Nahrung, schläft ausgezeichnet, fühlt sich von Tag zu Tag wohler, bekommt jetzt helle glänzende Augen. Nach nunmehr fast 8wöchiger Behandlung ist der Urin fast klar, der Druck in der Nierengegend ist verschwunden.

Der Aufbau erfolgt mit strenger Frischkost, mit Beigabe von frischem gemahlenen Getreide, Pellkartoffeln, Vollkornbrot, Höhensonnenbestrahlungen, Ganzmassagen, kalten Abreibungen. Bei gewaltiger Eßlust nimmt Patientin wieder 5 kg zu und kann nach 3monatiger Behandlungszeit (wovon 2 Monate auf den Abbau und 1 Monat auf den Aufbau entfallen), in ihre Heimat entlassen werden. Die Heilung hat bis heute standgehalten. Einer vorwiegend vegetarischen Frischkosternährung ist sie aber treu geblieben.

Ein 2. Fall von Nierenbecken-Blaseneiterung

Dabei handelt es sich um meinen alten Rußland-Bataillonskommandeur, dessen Vorbehandlung trotz oder vielmehr infolge verschwenderischer Anwendung von Penicillin-Injektionen beinahe einen tragischen Ausgang genommen hätte. Oberstleutnant a. D. hatte sich auf meine Empfehlungen bei einem bekannten Chirurgen operieren lassen wegen einer Prostatahypertrophie. Der vor der Operation eingelegte Dauerkatheter hatte keine sehr günstigen Operationsbedingungen geschaffen, so daß nach Entfernung der Prostata eine schwere eitrige Cystitis zurückblieb, die trotz aller angewendeten Spülungen, Harnantiseptica und Penicillin-Injektionen nicht heilen wollte. Schließlich wurde der Patient völlig appetitlos, seine sonst so heitere Stimmung sank auf den Nullpunkt, seine Kräfte verfielen, die Pulskurve kletterte. Da ich mich für sein Wohlergehen mitverantwortlich

fühlte, setzte ich eine Frist für seine Entlassung aus dem Krankenhaus, um ihn in meiner Privatklinik weiter zu behandeln.
Ich nahm ihn auf mit subfebrilen Temperaturen, eitrigem Harn und sehr schlechtem Allgemeinbefinden. Als nach der Aufnahme die Temperatur auf über 39 Grad stieg, erbat ich ein Konsilium mit dem chirurgischen Kollegen. Dieser überließ mir drei Packungen Supracillin mit der Weisung, täglich eine Ampulle zu injizieren. Der Patient lehnte aber weitere Penicillin-Supracillin-Injektionen ab, da er davon schon zuvor Dutzende bekommen hatte, und damit kam er meinen therapeutischen Absichten entgegen. Nun geschah weiter nichts, als daß der Patient auf Rohsäfte-Ernährung gesetzt wurde und täglich heiße Rumpfwickel erhielt. Dazu wurden einige homöopathische Mittel gegeben. Trotz denkbar schlechten Allgemeinzustandes erholte sich der Patient bei 14tägigem Saftfasten langsam, das Fieber war schon nach 3 Tagen auf die Norm zurückgegangen. Als Aufbaukur bekam er milde Frischkost, wozu auch frisch gemahlenes, biologisch angebautes Getreide gehörte.
Als Mittel zur Normalisierung der Darmflora wurde „Colifer" verordnet. Nach 4 Behandlungswochen war er imstande aufzustehen und nach weiteren 4 Wochen kehrte er gesund in die Heimat zurück. Im folgenden Winter berichtete er von langen Skifahrten, die er im Harz unter-

nommen hatte, nachdem durch die Kur auch seine langjährigen pectanginösen Beschwerden verschwunden waren.

Nierenabsceß? Pyonephrose? Paranephritischer Absceß?

Was Medikamente nicht heilen,
heilt das Messer.
Was das Messer nicht heilt,
heilt das Glüheisen.
Was das Glüheisen nicht heilt,
bleibt unheilbar.

Motto: Quae medicamenta non sanant
ferrum sanat,
quae ferrum non sanat
ignis sanat.
Quae vero ignis non sanat
insanabile reputare oportet.

Hippokrates

Es war in einer Zeit, als weder die Sulfonamide noch Penicillin schon entdeckt waren, daß eine 40jährige Uhrmachersfrau plötzlich mit Schmerzen in der rechten Nierengegend und hohem Fieber bis 40,5°C erkrankte. Der meist klare Urin zeigte nur gelegentlich leichte Trübungen, das Sediment enthielt Leukocyten, Epithelien, rote Blutkörperchen. Zeitweise aber war der Harnbefund normal, dann stieg das Fieber und die Beschwerden nahmen zu. Als Differential-Diagnose kamen in Frage: Nierentuberkulose, Pyelitis, Nephrolithiasis, Nierenabsceß. Alle angewandten Arzneien, parenterale Eiweiß-Injektionen, Umschläge, Packungen, Bäder, Bestrahlungen, Saftfasten, Rohkost, Schrothkur brachten nicht die geringste Veränderung des Krankheitsbildes zustande. Tierversuch auf Tbc verlief negativ. Spezialärztliche Untersuchung mit Nierenbeckenspiegelung brachte keine Klärung. Nachdem dieser Zustand mit ständigem Fieber um 40°C und Schmerzen in der Lumbalgegend 5 Monate angehalten hatte, wurde die Patientin in eine Universitätsklinik eingewiesen. Die erste dort vorgenommene Röntgenaufnahme mißlang, eine zweite konnte leider nicht mehr vorgenommen werden, weil die Patientin gekränkt die Klinik verließ, da ein jüngerer Assistenzarzt gefragt hatte, ob sie etwa das Thermometer gerieben hätte. Man hatte offenbar auch an die Möglichkeit einer Hysterie gedacht.

Nun stand der behandelnde Arzt wieder vor der Frage, mit welchen Mitteln der Patientin wohl zu helfen sei. Ihr ungebrochener Gesundheitswille bedeutete eine Verpflichtung. Hans Carossa schrieb irgendwo einmal: „Sobald der Geist auf ein Ziel gerichtet ist, kommt ihm vieles entgegen, ferne Gedanken und Sachen entlaufen ihren Gefügen und eilen ihm zu." So mag auch der Satz des alten Hippokrates – was das Messer nicht heilt, heilt das Feuer – den Gedanken nahegerückt haben, durch Setzen eines stärksten Umstim-

mungsreizes mit dem Glüheisen eine Wendung zu erzielen. Ohne Bedenken nahm die Patientin den Vorschlag an. Nach Chloraethyl-Rausch wurde die rechte Lumbalgegend über dem schmerzhaften Krankheitsherd in Handtellergröße verschorft, die Brandwunde dick mit Salbe verbunden. Das Ergebnis war verblüffend: Am anderen Morgen entleerte die Patientin einen halben Liter dicken, grünlichen Eiters, nachdem monatelang mit geringen Unterbrechungen der Harn klar gewesen war. Bei langsamer Klärung des Urins erfolgte innerhalb von 3 Wochen lytischer Abfall des Fiebers bis auf axillare Temperaturen von 37,2°C. Die Schmerzen hörten auf, Appetit und Wohlbefinden stellten sich ein, die Patientin ging wieder ihrer Arbeit nach und glaubte, von ihrem Leiden geheilt zu sein. Der Brandschorf hatte sich abgestoßen und die Wunde epithelisierte schnell zu.
Nach 4 Wochen war plötzlich der alte Zustand wieder da. Schmerzen in der Nierengegend. Fieber zwischen 39° und 40°C. Harnbefund ohne pathologische Bestandteile. Als nach 2wöchiger Behandlung mit den üblichen Mitteln nicht die geringste Änderung im Krankheitsbild zu verzeichnen war, wurde eine nochmalige Wiederholung der „Pferdekur" vorgeschlagen und von der Patientin akzeptiert, wieder mit dem gleichen Ergebnis und Verlauf, nur daß die Menge des abgesonderten Eiters geringer war. Nach 4wöchiger Beschwerdefreiheit erfolgte plötzlich der

dritte Alarm mit den gleichen Erscheinungen wie zuvor. Nach längerem vergeblichem Abwarten brachte die dritte Wiederholung dieser hippokratischen Kur die endgültige Heilung dieser diagnostisch nicht ganz geklärten Erkrankung. Patientin blieb gesund und brachte nach 2 Jahren noch ein normales Kind zur Welt.

Als ich kürzlich bei Gelegenheit die Patientin einmal aufsuchte, erzählte sie mir, daß anläßlich der Untersuchung für Invalidenrente der Amtsarzt sie nach der Entstehung der großen Narbe in der rechten Lendengegend gefragt habe. Sie habe ihm die genaue Geschichte dieser Narbe erzählt, er habe aber immer nur ungläubig mit dem Kopf geschüttelt, jedoch alles genau in den Akten verzeichnet, auch meinen Namen.

Vielleicht ermutigt der erfolgreiche Verlauf dieser schweren Erkrankung den Arzt, sich in verzweifelten Fällen auch dieser alten hippokratischen Methode der Anwendung des Glüheisens zu erinnern, zumal auch der unvergessene geniale August Bier in seinen Schriften für sie eine Lanze gebrochen hat.

Wenn ich dieser Krankengeschichte eine Überschrift geben sollte, würde ich sagen: „Heilung durch Glüheisen und Vertrauen". Einmaliges Vertrauen einer Patientin zum Arzt aus einem mütterlichen Lebenswillen heraus und Vertrauen des Arztes zur Naturheilung, die von dem größten Arzt aller Zeiten schon seit 2½tausend Jahren aufgezeichnet worden ist.

Schlußwort

Der kritische Leser wird nach der Lektüre dieses Buches über die moderne Medizin und die von ihr gesetzten Therapieschäden durch die vorwiegend symptomatische Behandlung der Krankheiten und den fast unerschwinglichen Kostenaufwand nunmehr ein skeptisches Urteil fällen. Das haben aber in der Vergangenheit auch schon hervorragende Ärzte getan! Ich nenne da besonders den Meisterchirurgen, Philosophen und Forstmann Geheimrat Prof. Dr. med. August Bier, der schon vor vielen Jahren von „Wissenschaftlichem Wust" sprach und u. a. den Satz prägte: „Was man bislang über den Krebs veröffentlicht hat, könnte Bibliotheken füllen, was man wirklich darüber weiß, geht auf eine Visitenkarte."

Es ist ja auch bekannt, daß in den russischen Gefangenenlagern die Soldaten des 2. Weltkrieges an Hunger, an Entzündungskrankheiten und an Tuberkulose starben, aber fast niemals an Krebs. Dieser ist eine „Überschuß-Krankheit".

Dr. Buchinger sen. behauptet, daß Patienten, die mehrere F a s t e n k u r e n hinter sich haben, keinen Krebs bekommen.

Dagegen erkranken Menschen, die n i e m a l s i h r e p o t e n t i e l l e n R e g e n e r a t i o n s k r ä f t e in Anspruch nehmen, leicht an Krebs! Kinderkrankheiten, bei denen das Fieber durch

Mittel bekämpft wird, führen leicht zu krebsartigen Entgleisungen.
Ich habe in meiner langjährigen Praxis oft feststellen können, daß auch die gutartigen Gebärmutter-Myome *) immer mit Entzündungen im Enddarm einhergehen! Autotoxine regen das pathologische Wachstum an.
Der verstorbene, hochgeschätzte, ehemalige Ärzte-Präsident Prof. Dr. Neuffer hat einmal geschrieben: „Die Medizin sollte zu einem Drittel aus Wissenschaft, zu einem weiteren Drittel aus Kunst und zu einem letzten Drittel aus Geschäft bestehen!"
Bei unserer modernen Medizin, mit Ausnahme chirurgischer Kunststücke, ist es mit der Kunst schlecht bestellt! Wissenschaftlicher Übereifer und Geschäft dominieren! Der alte wahre Satz des Hippokrates gilt nicht mehr: „Medicus curat, natura sanat!" – „Der Arzt behandelt, die Natur heilt."
Für diesen ewigen Wahrheitsgehalt soll aber dieses Buch ein eindeutiges, nicht abstreitbares Zeugnis ablegen. Es soll dazu beitragen, daß auch jene Kranken Heilung finden, die ohne Kenntnis dieser besonderen Zusammenhänge zu meist lebenslangen Leiden verurteilt wären.

---

*) gutartiges Muskelgeschwulst.

Die Bücher des Schnitzer Verlags

Die Bücher des Schnitzer Verlags vermitteln Ihnen ein fundiertes Wissen über die natürlichen Gesundheitsgrundlagen, die Ursachen der chronischen Zivilisationskrankheiten und die Möglichkeiten zu deren Verhütung und Überwindung sowie über die praktische Anwendung einer urgesunden Ernährung. Es sind u. a. folgende Titel erhältlich.

Dr. J. G. Schnitzer
Das volle Leben
ISBN-Nr. 3-922 894-41-0, 100 Seiten

Dr. J. G. Schnitzer
Der alternative Weg zur Gesundheit
ISBN-Nr. 3-570-01 699-4
Mosaik-Verlag, München, 256 Seiten

Dr. J. G. Schnitzer
Das Kursbuch der gesunden Ernährung
ISBN-Nr. 3-922 894-65-8, 64 Seiten

Dr. J. G. Schnitzer/M. Schnitzer
Schnitzer-Intensivkost/Schnitzer-Normalkost
ISBN-Nr. 3-922 894-28-3
mit 14 Tage-Menüplänen,
Berechnungsangaben und 100 Farbtafeln,
186 Seiten

Dr. J. G. Schnitzer
Backen mit Vollkorn für Hausfrauen und Hobby-Bäcker
ISBN-Nr. 3-922 894-25-9
12 Lektionen Wissensgrundlagen,
16 Brot- und Gebäckarten, 96 Seiten

Dr. J. G. Schnitzer
Nie mehr Zahnweh
ISBN-Nr. 3-922 894-46-1
446 Seiten, 71 Abbildungen

Dr. J. G. Schnitzer
Biologische Heilbehandlung der Zuckerkrankheit und ihrer Spätfolgen
ISBN-Nr. 3-922 894-33-X, 184 Seiten

Dr. J. G. Schnitzer
Gesundheit für unsere Jugend
ISBN-Nr. 3-922 894-16-X, 292 Seiten

Prof. Dr. med. Lothar Wendt
Gesund werden durch Abbau von Eiweißüberschüssen
ISBN-Nr. 3-922 894-51-8
301 Seiten, 42 Abbildungen, 13 Tabellen

Dr. med. Karl Stephan
Heilung über Magen und Darm
ISBN-Nr. 3-922 894-38-0
144 Seiten

Hildegard Hölzle
Gesunde Küchenkunst
ISBN-Nr. 3-922 894-30-5
8 Farbtafeln, 186 Seiten

Werner Vogel/Marlies Dorschner
Yoga mit Heilwirkungen
Programm mit 15 Lektionen
ISBN-Nr. 3-922 894-56-9
172 Seiten, 207 S/W-Fotos

Hildegard Hölzle
Glücklicher leben
mit Vollwertkost
ISBN-Nr. 3-922 894-26-7
Über 400 köstliche Rezepte aus der
gesunden Vollwertküche – davon
50 Rezepte für Alleinstehende
176 Seiten mit vielen Farbfotos